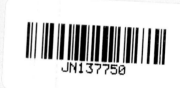

大学生のためのキャリアデザイン

はじめての課題解決型プロジェクト

松田剛典／佐伯 勇／木村亮介 編著

ミネルヴァ書房

はじめに

キャリア教育という言葉が教育現場で聞かれるようになり、20年近く経ちました。今では全国の大学でもキャリア教育やキャリア支援がさまざまな形で実施されるようになりました。本書はそうしたなかでPBL（プロジェクト型学習）に焦点を当てています。

キャリア教育で育成しようとする基礎的・汎用的能力は、学生が能動的な学習活動を行うことで身につきます。PBLはそうした能動的な学習の1つで、リアルな社会の問題を通して、問題解決に取り組むものです。プログラムは汎用性が高く、学部を問わず誰もが体験することが可能です。体験を通した学びが多いこともプログラムの特徴です。

ところが、いざPBLに取り組もうとしたときに多くの方が戸惑うのが、初心者向けの簡単なガイドラインが非常に少ないことです。問題解決思考やロジカルシンキングに関する本はたくさんありますが、社会人向けのものが中心です。問題解決といっても方法や考え方が無数にあり、それらを1つにまとめるのは困難という背景もあると思います。

そこで、本書ではこれからPBLを始める学生向けに、できるだけ簡単に問題解決までの流れを理解できる1冊になることを目指して作成しました。理論編では、PBLとキャリア教育の関わりについて解説しています。実践編では、実際にプロジェクトを進める流れを分解し、実行する際のポイントや進め方について具体的に解説をしています。また、専門的な用語は少しわかりやすい言葉に書き換えたり、進め方を学生向けに変えたりしています。授業での活用も想定し、全14章にまとめる形で、プロジェクト開始から振り返りまでの流れを整理しました。

本書がこれからPBLを始める方にとって、最初の一歩になれば幸いです。

編著者を代表して

松田剛典

目次

巻末資料

第1部

PBL 理論編

第1部は、理論編として、プロジェクト型学習（PBL）の基礎的な理論やPBLが生まれた背景について学んでいきます。PBLが教育の世界で取り上げられるようになった背景に、2010年頃より急速に普及したキャリア教育とアクティブ・ラーニングがあります。これらのことを学んだうえで、「PBLとは何か」について理解していきましょう。

第1章

キャリア教育と PBL

この章で学ぶこと

この章では、2010 年ごろより急速に普及した「キャリア教育」と「アクティブ・ラーニング」という背景から、PBL の概要と意義について学びます。

1 キャリア教育

「キャリア教育」という用語が日本で公式に紹介されたのは、1999 年、中央教育審議会答申「初等中等教育と高等教育との接続の改善について」においてのことでした。キャリア教育は以後、2010 年ごろより全国の大学で実施されるようになっています。なぜこの時期にキャリア教育が急速に普及したのでしょうか。また、そもそも「キャリア」や「キャリア教育」とは何か、「キャリア教育」で身につける力は何かについて、整理しておきましょう。

1 大学におけるキャリア教育

2010 年、わが国では「大学設置基準」が改正され、「教育課程の内外を通じて社会的・職業的自立に向けた指導等に取り組むこと」がすべての大学に求められるようになりました。この改正により大学は、専門知識や教養だけでなく、社会的・職業的自立や社会への円滑な移行に必要な力を身につける場となりました。

同基準改正の背景には、若者の高い失業率・早期離職率、ニートと呼ばれる若年無業者の存在、職業人としての基本的な能力の低下、職業意識・職業観の未熟さ、目的意識が希薄なまま進学する者の増加など、さまざまな課題があります。これらの課題を若者個人の問題とせず、学校教育が課題解決に重要な役割を果たすべきことが明言されたのです。

用語

大学設置基準

大学を設置するのに必要な最低限の基準。

厚生労働省の統計「平成 28 年版厚生労働白書　資料編」「平成 29 年版労働経済の分析」「新規学卒者の離職状況」によれば、2010 年当時における 15 ～ 24 歳の完全失業率は約 9.4%、若年無業者（ニート）は 58 万人、新規大学卒就職者の 3 年以内の離職率は 30.0% に達していました。

2 キャリア教育と職業教育

2011 年の中央教育審議会答申「今後の学校におけるキャリア教育・職業教育の在り方について」では、それまで混同されがちだった「キャリア教育」と「職業教育」を、明確に分離して定義しました（図表

1-1)。

図表 1-1　キャリア教育と職業教育

キャリア教育	職業教育
一人一人の社会的・職業的自立に向け、必要な基盤となる能力や態度を育てることを通して、キャリア発達を促す教育。	一定又は特定の職業に従事するために必要な知識、技能、能力や態度を育てる教育。

同答申は、キャリア教育の「キャリア」を「人が、生涯の中で様々な役割を果たす過程で、自らの役割の価値や自分と役割との関係を見いだしていく連なりや積み重ね」と定義しています。仕事だけでなく、地域や家庭での役割を含めた自立と、生涯にわたるキャリア形成能力を獲得することがキャリア教育の目的です。キャリア教育では、さまざまな教育活動を通じて、基礎的・汎用的能力の 4 要素を中心として育成することが必要とされています（図表 1-2）。

図表 1-2　基礎的・汎用的能力の４要素

人間関係形成・社会形成能力	多様な他者の考えや立場を理解し、相手の意見を聴いて自分の考えを正確に伝えることができるとともに、自分の置かれている状況を受け止め、役割を果たしつつ他者と協力・協働して社会に参画し、今後の社会を積極的に形成することができる力。
自己理解・自己管理能力	自分が「できること」「意義を感じること」「したいこと」について、社会との相互関係を保ちつつ、今後の自分の可能性を含めた肯定的な理解に基づき主体的に行動すると同時に、自らの思考や感情を律し、かつ、今後の成長のために進んで学ぼうとする力。
課題対応能力	仕事をする上での様々な課題を発見・分析し、適切な計画を立ててその課題を処理し、解決することができる力。
キャリアプランニング能力	「働くこと」の意義を理解し、自らが果たすべき様々な立場や役割との関連を踏まえて「働くこと」を位置付け、自ら主体的に判断してキャリアを形成していく力。

2　アクティブ・ラーニング

キャリア教育で育成しようとする基礎的・汎用的能力は、教員が一方向的に話す講義型の授業ではなかなか身につけられません。読む、書く、議論するなど、学生が能動的な学習活動を行うこと（アクティブ・ラーニング）で身につくものです。この節では、アクティブ・ラーニングが広まった背景とその特徴を学びます。

アクティブ・ラーニングは基礎的・汎用的能力の４要素を育成するといえますね。

1　中央教育審議会によるアクティブ・ラーニングの推進

2012 年の中央教育審議会答申「新たな未来を築くための大学教育の質的転換に向けて（以下「質的転換答申」）では、アクティブ・ラーニングの必要性を次のように指摘しています。「生涯にわたって学び続ける力、主体的に考える力を持った人材は、学生からみて受動的な教育の場では育成することができない。従来のような知識の伝達・注入を中心とした授業から、教員と学生が意思疎通を図りつつ、一緒になって切磋琢磨し、相互に刺激を与えながら知的に成長する場を創り、学生が主体的に問題を発見し解を見いだしていく能動的学修（アクティブ・ラーニング）への転換が必要である。すなわち個々の学生の認知的、倫理的、社会的能力を引き出し、それを鍛えるディスカッションやディベートといった双方向の講義、演習、実験、実習や実技等を中心とした授業への転換によって、学生の主体的な学修を促す質の高い学士課程教育を進めることが求められる」。

ポイント

アクティブ・ラーニングの特徴
- 教員主導の知識伝達・注入を目的とした伝統的な講義形式とは異なる、学生自己主導の能動的な学習。
- 教員の役割は知識の教授ではなく、学生の主体的な学習活動の支援。
- 大学での学習だけでなく、生涯にわたって学び続けるための汎用的能力の育成が目的。

2 3段階のアクティブ・ラーニング型授業

溝上慎一は、アクティブ・ラーニング型授業の技法と戦略を、3段階に分類しました（図表1-3）。タイプ1は、伝統的な講義にコメントシートや小テストを実施する授業で、タイプ2は、学生が話す・発表する・体験するといった活動を組み込んだ授業ですが、どちらも教員主導・講義中心型です。タイプ3は、学生の能動的学習を授業デザインとしてつくりこんだ教育方法であり、質的転換答申が育成を求める「認知的、倫理的、社会的能力」を真正面から教育の課題としてとらえた授業であるといえます。PBLは、タイプ3に属する、高次のアクティブ・ラーニングと位置づけられるものです。

用語
高次
程度や水準が高いこと。

用語
クリッカー
試験やアンケートの結果をリアルタイムで徴収する教育器具のこと。

用語
ピアインストラクション
学生同士で議論し、教え合う形を組み込んだ学習方法。

図表1-3　アクティブ・ラーニング型授業の技法と戦略

タイプ	タイプ1	タイプ2	タイプ3
主導形態	教員主導・講義中心型		学生主導型
伝統的講義に対するアクティブ・ラーニング型授業としての戦略性	低	中～高	高
技法・戦略	・コメントシート／ミニッツペーパー（大福帳／何でも帳など） ・小レポート／小テスト ・宿題（予習／演習問題／e-Learningなど） ・クリッカー	・ディスカッション ・プレゼンテーション ・体験学習	・協同・協調学習 ・調べ学習 ・ディベート ・ピアインストラクション ・PBL（Problem-Based Learning） ・PBL（Project-Based Learning）

出典：溝上慎一『アクティブラーニングと教授学習パラダイムの転換』東信堂、2014年を一部抜粋、71頁をもとに作成。

ワーク

これまでに経験したアクティブ・ラーニング型授業の技法・戦略をタイプ１～３に分類して整理してみましょう。

アクティブ・ラーニング型授業の技法・戦略	タイプ	授業名
(例) ディスカッション	2	キャリアデザインⅠ

3　2つのPBL

前節で説明したように、PBLは高次のアクティブ・ラーニングとして位置づけられるものです。PBLには問題基盤型学習（Problem-based Learning）とプロジェクト型学習（Project-based Learning）の2つがあります。このテキストで主に扱うのはプロジェクト型学習であり、特に断らない限り、PBLといえばプロジェクト型学習を指すものとします。2つのPBLの違いや歴史については、第3章でくわしく学んでいきます。

1　PBLとは

溝上らは、PBLを次のように定義しています。「プロジェクト型学習とは、実世界に関する解決すべき複雑な問題や問い、仮説を、プロジェクトとして解決・検証していく学習のことである。学生の自己主導型の学習デザイン、教師のファシリテーションのもと、問題や問い、仮説などの立て方、問題解決に関する思考力や協働学習等の能力や態度を身につける」。まとめると、以下のとおりです。

ポイント

PBLの特徴
- 実世界の問題解決に取り組む。
- チームでプロジェクトを進める協働学習の形をとる。
- 問いや仮説を立て、問題解決・検証する自己主導型学習を行う。
- 教師はファシリテーター役に徹する。

用語

ファシリテーション

発言や参加を促したり、話の流れを整理したりして、会議や授業をサポートすること。ファシリテーションを行う人のことを「ファシリテーター」という。

出典：溝上慎一・成田秀夫編『アクティブラーニングとしてのPBLと探求的な学習』東信堂、2016年、11頁

2 PBL の学習活動の流れ

PBL の学習活動の流れはテーマや学習目標によって変化しますが、稲葉竹俊はおおまかな進行を 5 段階で示しました（図表 1-4）。

PBL の学習の流れは研究活動と似ているわね。

図表 1-4　PBL の学習活動の流れ

1. テーマ設定
↓
2. 解決すべき課題設定と仮説
↓
3. 必要な情報の検索・収集
↓
4. 分析と解決案の考案
↓
5. レポートや発表などの最終成果物

出典：稲葉竹俊編『プロジェクト学習で始めるアクティブラーニング入門』コロナ社、2017 年、13 頁をもとに作成。

1. では教員や企業・地域などの依頼元が課題の大枠を示すことが多く、2. で学生が主体的に問いや仮説を立てます。3. で仮説の検証に必要な情報を集め（ここで課題の再整理を行う場合もあります）、4. でさまざまな角度から分析してチームとして提案する課題解決案をまとめます。5. で報告や発表を行いますが、その前後にチームで考えた問題解決策を実践する場合もあります。

3 PBL のメリット・デメリット

PBL のメリット・デメリットを、以下に整理して示します（図表 1-5）。PBL は**課題設定や課題解決のプロセスの自由度が高い**ため、「活動あって学びなし」という罠に陥る可能性があります。PBL は万能な学習方法ではなく、デメリットを理解したうえで取り組むことで、ある程度問題点を緩和できる可能性が高まります。

先が見通せない分、参加メンバーの理解と覚悟が必要ね。

図表 1-5　PBL のメリット・デメリット

メリット	デメリット
幅広く社会における現在進行形の課題を取り扱うことができ、課題の解き方にも制限がない。	課題解決における典型的なプロセスがなく、授業の進行を見通すことが困難。
課題に対し、教授者が必ずしも専門家である必要がない。	教授者側の専門知識や専門スキルが直ちに役に立たない。
実社会の問題を社会人と同等の条件のもとで解決することにより、高い満足度と達成感が得られる。	チーム内の摩擦や「行きつ戻りつ」のプロセスを乗り越えないと課題解決の達成感が得られない。

出典：後藤文彦監修、伊吹勇亮・木原麻子編著『課題解決型授業への挑戦』ナカニシヤ出版、2017 年をもとに作成。

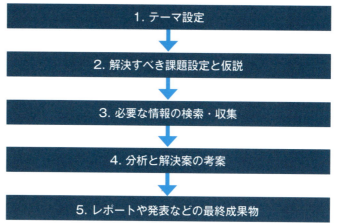

4 PBL の教育的意義

溝上らは、現代社会における PBL の教育的意義を次のように説明しています。「なぜ PBL が求められるのかと言えば、それは問題解決に取り組ませることで、将来取り組むであろう問題解決に必要な態度(自己主導型学習・協働学習)、(問題解決) 能力を育てたいからである」「こうして、PBL を通して見えてくるのは、今日、仕事や社会の変化を受けて学校教育の社会的機能が見直されている、さらには学校から仕事・社会のトランジションが見直されているということである。PBL はこの文脈のもと、教科・科目の基礎的な学習を超えて (= 脱教科)、実世界の仕事・社会とを直接つなぐ学習戦略として提唱されているのである」。つまり、PBL はアクティブ・ラーニング型授業の1つにすぎませんが、実世界の仕事と直結した課題設定や学習方法を特徴とすることから、特にキャリア教育において注目を集めているのです。

出典：溝上慎一・成田秀夫編『アクティブラーニングとしての PBL と探求的な学習』東信堂、2016 年、15 頁、16 頁。

用語

トランジション

移行のこと。

4 PBL で身につく基礎的・汎用的能力

これまでに説明したように、PBL は、アクティブ・ラーニング型授業の1つで、キャリア教育で最も重視される基礎的・汎用的能力を育成できるものです。この節では、PBL によって図表 1-2 に示した基礎的・汎用的能力の4要素が具体的にどのように身につくのかを学んでいきましょう。

1 人間関係形成・社会形成能力

現代社会の問題の多くは、一人の力や知識で解決できることはなく、他者の協力を得ながら試行錯誤して解決していく必要があります。PBL では、答えが1つに定まらない複雑な課題に対して、チームで取り組むため、チームとして意思決定が難しい状況におかれます。

たとえば、気の強い声の大きな人が方向性を強引に決めてほかの人が遠慮して自己主張しないでいると、意思決定は早いものの、最終成果物は独善的で根拠の乏しいものになります。逆に、全員が強く自己主張して互いに他人の意見を尊重せず合意形成ができないでいると、時間切れで中途半端な結果しか出せません。また、「自分がやらなくても誰かがやってくれるだろう」と思うメンバーが多いほど、全員のモチベーションが下がります。

PBL では、多様な価値観をもったメンバーで成果を出す必要があるため、実践的に人間関係を構築するトレーニングとなるのです。

ポイント

● PBL は実践的に人間関係を構築するトレーニングとなる。

2 自己理解・自己管理能力

人間は自分のことが一番よくわかりません。株式会社ディスコの学生モニター調査結果によれば、「ここまでの就職活動を振り返って後悔していること」の第1位は「自己分析」で、過半数（54.9%）が難しいと回答しています。

出典：株式会社ディスコ『キャリタス就活 2018 学生モニター調査結果（2017年9月発行）9月1日時点の就職活動調査』（http://www.disc.co.jp/uploads/2017/09/18monitor201709.pdf、アクセス 2018年12月1日）

PBL で自己分析が進む理由は2つあります。1つは、PBL の学習活動を通じて問いを立てる過程で、自分自身の興味や適性に気づく可能性があることです。もう1つは、チーム内のメンバーとの関係のなかで、自分の長所や短所を理解する機会があることです。内省により自己発見することもありますが、相互にフィードバックをすれば、それまで気づけなかった自分の特性に気づく可能性が高まります。PBL では、プロジェクトの成果を達成することに意識が集中しがちですが、自己理解・自己管理能力を高めるためには、意識して振り返りとフィードバックの時間を確保する必要があります。

用語

フィードバック

PBL においては、ある人の行動・発言に対し、まわりの人がどう見ているかの評価を伝えること。

ポイント

- PBL で意識的にフィードバックをすると自己理解・自己管理能力が高まる。

3 課題対応能力

仕事とは、正解の見えない連続する課題解決であるといえます。社会人は常に多くの課題に囲まれていますが、使用できる資源（時間や資金）は有限です。最も重要な解くべき問題は何かを見極め、その解決のために勇気をもって資源を投入することが求められます。仮に失敗してもその原因を究明し、諦めずに挑戦し続ける必要もあります。

PBL で課題対応能力が育成される理由は2つあります。1つはテーマとなる課題を解決するための思考プロセスにおいて、もう1つはチーム活動での人間関係を円滑に保つためにそれぞれ課題対応力が求められるからです。仕事と同様、チーム活動では常に問題と向き合う必要に迫られるため、冷静に対処するトレーニングができるのです。

ポイント

- PBL では実践的に課題に対応するトレーニングができる。

4 キャリアプランニング能力

社会人として仕事をしたことのない学生が、「働くこと」の意義や役割を理解し、自ら主体的にキャリアを形成していくことは、簡単ではありません。多くの学生がアルバイトで「働く」経験をしていますが、責任や役割が限定的であるため、「働くこと」の意義の理解も断片的なものになりがちです。

PBL を通じて、企業や地域など相手の立場に立って、課題解決に取り組めば、社会的に責任ある立場の人々と疑似的に同じ目線で仕事をする経験が得られます。PBL で、リアルな社会の問題に取り組む意義がここにあります。

18 頁の「社会人基礎力」も参考に、考えてみましょう。

ポイント

- PBL ではアルバイトでは得られにくい社会人の目線が体得できる。

ワーク

PBL で身につけたい能力とその理由を列挙してみましょう。

身につけたい能力	理　由
（例）自己理解力	自分がどのように人の役に立つのか知りたいから

第2章 社会で必要な能力とPBLで伸びる力

この章で学ぶこと

この章では、これからの社会のあり方を考えたうえで、社会ではどのような能力が必要なのか、PBLを通じて伸びる能力はどのようなものかを学んでいきます。

日本の労働人口の約49％が、技術的には人工知能やロボットなどにより代替できるようになる可能性が高いと言われているんだよ（2015年12月2日株式会社野村総合研究所ニュースリリース）。

1 社会の変化

皆さんがこれから社会人となって働く社会では、学校でよい成績を修めるのとは異なる姿勢や能力も求められます。さらに社会のあり方自体が数十年前と今では変化しており、その変化への対応も必要でしょう。現在の社会、そしてこれからの社会は、どのような社会なのでしょうか。

1 知識の細分化と共有化

現在の社会では各分野の専門知識が高度化するにつれ、専門分野が細分化しています。たとえば、医療においても内科・外科などの区別だけでなく、循環器内科・消化器内科など臓器別に分かれ、さらに心臓カテーテル・消化器内視鏡などと細かく専門が分かれていることもあります。

一方で、デジタル化の進展により、インターネットによってさまざまな情報や知識が誰でも手に入るように共有化されています。かつて専門家はその専門知識をもっているだけで貴重な価値がありましたが、もはやそれだけでは価値がなくなりつつあります。

現在の小学生が、今存在しない仕事に将来就く確率は65％っていう話もありますね（キャシー・デビッドソンの予測『New York Times』2011年8月7日付けインタビュー記事）。

2 技術的・社会的変化の加速

技術発展のスピードは早く、特にデジタル技術の発展は加速しています。手紙が電話や電子メールにとって代わったように、技術の発展によって社会のあり方も変わっていきます。

さまざまな職業・仕事が機械化・自動化されることで、それまで人間が行っていた職業・仕事がなくなっていきます。技術的知識もどんどん陳腐化するため、常に更新し続ける必要があります。

また市場が成熟化し、商品がすぐに飽きられて売れなくなり、製品寿命が短くなっています。そこで企業は新たな付加価値のある商品をどんどん生み出し続けなければなりません。

特に日本は、欧米の後追い型で発展してきた時代とは違い、今ではどの国よりも速いスピードで少子高齢化が進み、将来どうなるのかは誰も予測がつかない社会になっています。

3 多様性と協働

グローバル化によって文化の異なる人同士が交流する機会が増えています。さらに価値観や生き方が多様化するなかで、1つの国や組織のなかにさまざまな文化や価値観をもつ人が共存することが増えています。多様な人同士が共存するだけでなく、うまく協働し相乗効果を発揮していくことが期待されています。企業でも「ダイバーシティ・マネジメント」が重視される傾向にあります。

仕事において複雑な問題を解決したり、新たなものを生み出したりするために、細分化した専門家が分野を超えて協働することが増えています。公共的な分野でも、行政の力だけでは解決できない問題に対して、官民協働や市民協働によって取り組むことが増えています。

用語

ダイバーシティ・マネジメント

女性や高齢者などを含めた多様性を競争力に生かす考え方。

ポイント

社会の変化

- 専門性・知識分野が細分化するとともに、インターネットなどで共有化も進んでいる。
- 技術発展や価値観の変化等に伴う社会構造の変化が加速している。
- 多様な文化・背景をもった人同士が協働する機会が増えている。

ワーク

「過去 20 年のうちに少なくなった仕事」「この先 20 年のうちに減りそうな仕事」「その特徴」をあげてみよう。

少なくなった仕事	減りそうな仕事	その特徴

2 必要な能力

今の社会には「知識の細分化と共有化」「技術的・社会的変化の加速」「多様性と協働」などの特徴があります。では、そのような社会では、どのような能力が必要になるでしょうか。

1 知識活用

身のまわりの問題から社会全体の問題まで、さまざまな問題を解決していくときには、問題が高度で複雑になるほど、多くの知識を必要とします。しかし、いくら知識をもっていても、その知識を応用して目の前の問題解決に活用することができなければ意味がありません。さらに、科学技術や社会構造が高度化・複雑化するほど、細分化された専門性1つだけでは解決できない問題が増えています。

たとえば、刑事が事件を捜査するとき、科学的に証拠品を分析し、心理学的に動機を推測し、情報技術を駆使して情報収集をするように、1つの課題を解決するためにさまざまな知識を応用する必要があります。

インターネット上にいくら情報があふれていても、その情報や知識は断片化されていたり、相反する見解が述べられていたりします。そのような情報や知識から、取捨選択したり、統合したりする能力がなければ役に立たないのです。

2 主体的な学習姿勢

変化が激しく未来を予測しづらい世のなかでは、今もっている知識もどんどん陳腐化してしまうため、常に新たな知識を学び続けなければなりません。学校教育を修了した後は、学習をするかどうか、何を学習するかは基本的には個人の自由意思です。さらに社会人になってからは、会社などで何らかの学習が課せられることもありますが、「学ぶべきこと」が与えられる機会は少なくなり、「何を学ぶべきか」「どう学ぶべきか」を自分自身で考える必要があります。これには資格などのように体系立てて学ぶことだけではなく、日々仕事のなかで直面する課題を解決するために、そのつど調べたり、勉強したりすることも含まれます。

そのような日々の課題を解決したり、キャリア構築をしていくために、「自分が学ぶべきことは何か」「どう学ぶべきか」を考えることができる能力が必要とされています。

3 汎用的能力（ジェネリック・スキル）

どのような仕事であっても多かれ少なかれ人と関わる以上、コミュニケーションは必要です。また、新しいことにチャレンジするには勇

補足

ジェネリック・スキル以外にどんな仕事でも通用する能力のことを「ポータブル・スキル」や「トランスファラブル・スキル」と呼ぶこともある。

気も必要ですし、ときには突拍子もないアイデアを思い切って採用することで、ヒット商品が生まれることもあります。仕事で成果を出したり、社会の課題を解決していくためには、ただ知識があるだけでは不十分なのです。

特にこれからは、異なる立場や価値観をもつ多様な人同士で協力し合う必要があり、より高度なコミュニケーション能力が必要とされます。また、予測できない社会のなかで、臨機応変に物事を進めていく能力も重要です。

そのような知識だけでなく経験によって培われる能力を**汎用的能力（ジェネリック・スキル）**と言います。汎用的能力は、仕事分野などが変わったとしても、どこでも通用するような能力です。

ポイント

社会で必要な能力

- さまざまな分野の知識を組み合わせて応用する力：知識活用
- 「何を」「どうやって」学ぶべきか、自分で考えて学び続ける力：主体的な学習姿勢
- 仕事分野が変わっても通用するような、経験によって培われる力：汎用的能力

4 全般的な能力の整理

以上のような、さまざまな能力を統合的に整理した概念は、さまざまな立場からまとめられています。日本では､「生きる力」「学士力」（文部科学省)、「人間力」（内閣府)、「就職基礎能力」（厚生労働省)、「社会人基礎力」（経済産業省）などがあります。

国際的には国際団体「ATC21s」が提唱した**21 世紀型スキル**（図表 2-1）や、OECD の DeSeCo プロジェクトによる**キー・コンピテンシー**（図表 2-2）などが有名です。

図表 2-1　21 世紀型スキル

1. 思考の方法	2. 仕事の方法	3. 仕事のツール	4. 社会生活
(1)創造力とイノベーション (2)批判的思考、問題解決、意思決定 (3)学び方の学習、メタ認知	(4)情報リテラシー (5)情報通信技術に関するリテラシー（ICT リテラシー）	(6)コミュニケーション (7)コラボレーション（チームワーク）	(8)地域と国際社会での市民性 (9)人生とキャリア設計 (10)個人と社会における責任

出典：ATC21s、*Assessment Teaching of 21st Century Skills*──ATC21s（http://www.atc21s.org/、アクセス 2018 年 11 月 20 日）をもとに作成。

第 1 章では、基礎的・汎用的能力について学んだね。

教育改革において、単なる知識取得だけでなく、「21世紀型スキル」や「キー・コンピテンシー」などの全般的な能力を高めていくことを重視することが、世界的な潮流になっているんだよ。

図表 2-2 「キー・コンピテンシー」3つのカテゴリー

1. 相互作用的にツールを用いる（言語など）	2. 異質なグループにおいて、相互に関わり合う	3. 自律的に行動する
1-A 言語、シンボル、テキストを相互作用的に用いる。 1-B 知識や情報を相互作用的に用いる。 1-C テクノロジーを相互作用的に用いる。	2-A 他者とよい関係を築く。 2-B 協同する。 2-C 対立・葛藤を調整し、解決する。	3-A 大きな展望のなかで行動する。 3-B 人生計画や個人的プロジェクトを設計し、実行する。 3-C 権利、利害、限界、ニーズを主張する。

出典：OECD、*The Definition and Selection of Key Competencies:Executive Summary* 2005をもとに作成。

3 知識活用

これから必要な能力は、「知識活用」「主体的な学習姿勢」「汎用的能力（ジェネリック・スキル）」です。PBLを経験することで、それらの能力を育むことができます。ここからは、それらの能力をPBLでいかに培うことができるのかを説明していきます。まずこの節では、「知識活用」に関連するPBLの効果について説明します（図表2-3）。

図表 2-3 知識活用に関連するPBLの4つの効果

① 知識活用

② 知識結合

③ 知識創造

④ 知識定着

PBLに取り組む皆さんは、今まで勉強してきたことを総動員して成果を発揮しましょう。

1 知識を組み合わせて応用する

PBLでは課題解決をしていくので、そのために学んだ知識を応用・活用することが求められます（知識活用）。

たとえば、皆さんがこれから「お菓子の新商品を開発する」という課題でPBLに取り組むとします。では、どのような知識が役に立つでしょうか。消費者のニーズを分析するためのマーケティング論や統計学、機能性を考えるための栄養学、価格設定をするための会計学、パッケージデザインのためのデザイン学、販売促進のための心理学など、さまざまな分野が関連してきます。さらに、たまたま雑誌で読んだ最近流行りのお店の情報であったり、おばあちゃんの料理の豆知識が役に立ったりするかもしれません。

このようにPBLでは、課題に応じて1つの分野だけではなく、さまざまな分野の知識を組み合わせることが求められるのです（知識結合）。そして教員主導型ではない場合、どのような知識を活用すべきかということから学生自身が考えます。そうしてさまざまな知識を組み合わせ活用する訓練を繰り返すことで、社会でも役立つ知識活用の能力を養っていくことができるのです。

2 新たな知の創造

さらに、知識を実際の課題に応用し、試してみることで、予想外の結果が出たり、新たな発見があることもあります。つまり新たな知を創造することにもつながるわけです（知識創造）。

そのためには、仮説を立てて検証する考え方（仮説思考）や、経験したことを振り返り次に応用できる教訓化する考え方（経験学習サイクル）ができるといいでしょう。

3 知識が定着しやすい

また、単に「読む」「聞く」だけの受動的学習よりも、「書く・話す」「行う」などの能動的学習の方が、知識の定着率が高い（忘れにくい）と言われています。受動的に学んだ知識を実際に応用してみることで、その知識自体の定着率も上がると考えられます（知識定着）。

以上のように、PBLによって、さまざまな知識を組み合わせて応用する訓練ができ、結果として知識が定着しやすくなります。さらに、新たな知を発見することにつながります（図表2-4）。

図表2-4　知識定着への流れ

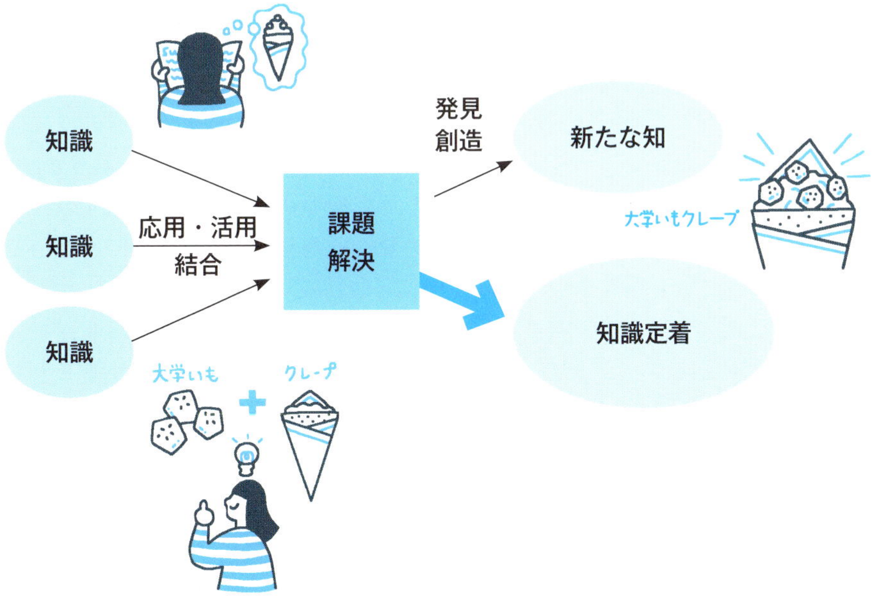

4 主体的な学習姿勢

次に、なぜPBLによって主体的な学習姿勢が育まれるのかを考えていきましょう。

1 学習者主導型の学習法

PBLの課題を解決するために、今ある知識だけで解決できないとすれば、足りない知識を学習する必要があります。

たとえば、システム開発の課題であれば必要なプログラミング言語を勉強するかもしれませんし、地域の物産を仕入れて販売するのであれば、帳簿をつけるために簿記を勉強したり、より多く販売するためにマーケティング論を勉強したりするかもしれません。

つまり、課題を解決するために「何を学ぶべきか」「どう学ぶべきか」を自分自身で考え、自ら進んで学んでいくのです。それが主体的な学習姿勢であり、PBLを通じて育まれるものです。「必修科目だから」や「カリキュラムで決まっているから」などではなく、目の前の課題を解決するために明確な動機を持って学習することになります（内発的動機づけ）。さらにその課題を解決することが、将来の仕事につながるものであったり、人や社会に影響力が大きかったりするほど、動機が強まるでしょう。

課題がなかなか解決できなかったり、失敗したりした場合も、「どうすればうまく解決できたのか」を考え、さらに学習すべき課題（動機）が生まれることになります。そのような学習の仕方を繰り返すことで、継続的で主体的な学習習慣が身につくことが期待されます。

用語

内発的動機づけ

関心や意欲、好奇心によって自発的に動機づけられること。

PBLだからって本を読んで勉強したりする必要がないわけじゃないってことね。

2 「系統学習」（詰め込み型教育）との違い

日本の学校教育の主流になっている、理論的知識を体系的に学ぶ「系統学習」（詰め込み型教育、図表2-5）では、その知識が何の役に立つのかわかりづらく、学習意欲がわきづらいという問題があります。また、学習してから数年後にはじめてその知識を実際に活用すべき状況に直面しても、あまり覚えていなかったり、うまく活用できないということもあります。

それに対してPBLでは、目の前の課題に直面するという明確な目的意識によって学習意欲が生まれます。そしてすぐに応用することで理解が深まるだけでなく、理解が不足している点も明確になり、さらなる学習につながります（図表2-6）。

図表 2-5　系統学習

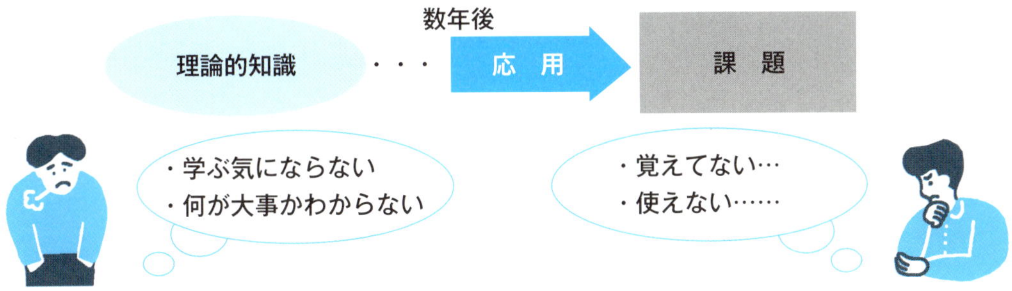
数年後
理論的知識
・・・
応　用
課　題
・学ぶ気にならない
・何が大事かわからない
・覚えてない…
・使えない……

図表 2-6　PBL

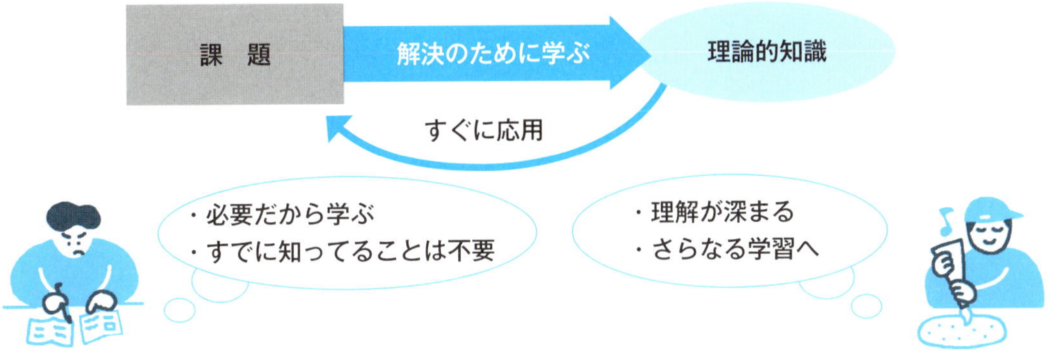
課　題
解決のために学ぶ
理論的知識
すぐに応用
・必要だから学ぶ
・すでに知ってることは不要
・理解が深まる
・さらなる学習へ

ポイント

PBL による学習の効果

- 目の前の課題を解決するために、自ら学習する習慣がつくようになる。

ワーク

今まで、身のまわりの課題を解決するために、自分から勉強したことや調べたことをあげてみましょう。普段の教科書中心の勉強と比べてどんな違いを感じましたか？
（例：最新のスマホアプリの使い方がわからなかったので検索して調べたなど）

課　題	何をどうやって調べたか（勉強したか）	感じたこと

5 汎用的能力（ジェネリック・スキル）

最後に、PBL によってジェネリック・スキルが磨かれる理由を考えていきましょう。

1 PBL はトレーニングのチャンス

経済産業省が提唱する社会人基礎力（図表 2-7）では、「職場や地域社会で多様な人々と仕事をしていくために必要な基礎的な力」として、「前に踏み出す力（アクション）」「考え抜く力（シンキング）」「チームで働く力（チームワーク）」の３つのカテゴリーに分類しています。そのうち、アクションとチームワークの力は精神的要素が関わり、シンキングは論理的思考力が必要とされます。いずれも知識があるだけでは十分ではなく、実際にその人自身がどのように振る舞うのかが問題になります。不足している能力は、自動車の運転のように、繰り返し訓練することで経験値を積み重ねる必要があります。

たとえば、プレゼンテーションをする場合に、いくら発表資料や原稿ができていても、人前で緊張してうまく話すことができなければ伝わりません。経験を積まなければ、そのような場に慣れることはできませんし、全くそのような経験がなければ、自分がどのくらい緊張するかもわからないでしょう。

用語

プレゼンテーション

課題解決や企画について、スライドや資料などを使って、効果的に説明をすること。略して「プレゼン」ともいう（くわしくは 62 頁）。

図表 2-7　社会人基礎力としての３つの能力／ 12 の能力要素

前に踏み出す力（アクション）

～一歩前に踏み出し、失敗しても粘り強く取り組む力～

- **主体性**　物事に進んで取り組む力
- **働きかけ力**　他人に働きかけ巻き込む力
- **実行力**　目的を設定し確実に行動する力

考え抜く力（シンキング）

～疑問を持ち、考え抜く力～

- **課題発見力**　現状を分析し目的や課題を明らかにする力
- **計画力**　課題の解決に向けたプロセスを明らかにし準備する力
- **創造力**　新しい価値を生み出す力

チームで働く力（チームワーク）

～多様な人々とともに、目標に向けて協力する力～

- **発信力**……自分の意見をわかりやすく伝える力
- **傾聴力**……相手の意見を丁寧に聴く力
- **柔軟性**……意見の違いや立場の違いを理解する
- **情況把握力**……自分と周囲の人々や物事との関係性を理解する力
- **規律性**……社会のルールや人との約束を守る
- **ストレスコントロール力**……ストレスの発生源に対応する力

出典：経済産業省「社会人基礎力」をもとに作成（http://www.meti.go.jp/policy/kisoryoku/、アクセス 2018 年 11 月 20 日）。

このようなスキルは、座学で勉強するだけでは身につけることができません。PBL では、課題解決のためにジェネリック・スキルが問われるために、その活動を通じて訓練を重ねることができます。また、そもそも「どんな能力が必要なのか」や「今の自分の能力や特性」を実体験から知ることもできます。

2 経験から学ぶ（経験学習サイクル）

さらにその効果を高めるには、経験学習サイクルの考え方が重要です。あるプロジェクトがどれだけ成功したとしても、その経験をほかの活動に生かすことができなければ、ジェネリック・スキルは何も身についていないかもしれません。

経験したことを振り返り、「どんな意味があったのか」「なぜうまくいった（いかなかった）のか」などを振り返ることが必要です。そして、「こんなときはこうすればいい」「こういう状況になると失敗する」といった抽象化・一般化した教訓・法則を導き出すことで、ほかの場面でも応用できる経験則を重ねて成長していくことができます（図表2-8）。

補足

「経験学習サイクル（モデル）」は組織行動学者のコルブが提唱した概念である。

図表 2-8　経験学習サイクル

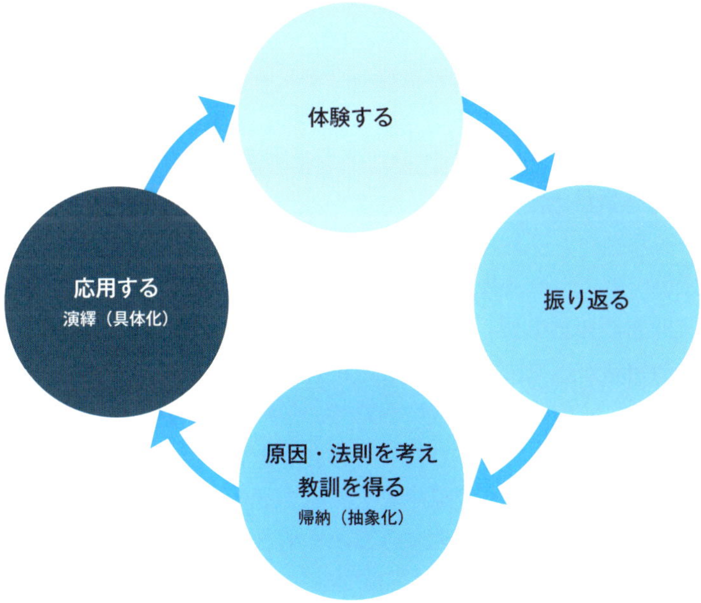

ポイント

PBL と経験学習サイクル

- PBL は、座学だけでは身につかないスキルを訓練することができる。そのためには、経験学習サイクルを回すことが重要。

第3章

PBLとは何か

この章で学ぶこと

PBLという教育手法にはさまざまな方法・成り立ちがあります。ここではPBLとはどのような概念なのか、大学などの高等教育におけるPBLについて整理していきます。

1 PBLの概念と成り立ち

PBLという用語は第1章で述べたとおり、Problem-based Learning（問題基盤型学習）あるいはProject-based Learning（プロジェクト型学習）の略だとされています。総じていえば、「課題や目標に対して、グループで協力して取り組むことを通じて学習する手法」です。その成り立ちからこの手法の考え方を整理してみましょう。

補足

どちらのPBLにおいても、デューイの「経験主義教育」の考え方が根底にあり、20世紀初頭の新教育運動の流れがある。日本でも終戦直後の教育改革で、その考えに基づく「問題解決学習」が学校教育に一時期だけ導入された。次の頁で述べているキルパトリックのプロジェクト・メソッドも、デューイの考え方に基づいている。

1 Problem-based Learning（問題基盤型学習）

高等教育におけるPBLは、1960～1970年代に北米で導入された医学教育が起源だといわれ、特に医学・工学分野で導入が進んでいます。日本の医学·工学分野においても、その導入が進みつつあります。

PBL（問題基盤型学習）が医学教育で開発・実施された背景には、生物医学的知見が急速に発展することに対して、科目別の系統教育では対応できず、臨床医学的実践において、常に新しい知識と技法を習得できるような教育が求められたことがあります。現場でさまざまな患者を処置していくために模擬患者を診断するなど、臨床に即した課題に取り組みながら知識を関連づけていく学習手法が最も効率的である、という考えに基づいているものです。

特に、①問題・事例（シナリオ）に基づいて、②少人数グループでチューター（支援者）とともに、③自主的に学習を行う手法は「PBLチュートリアル（テュートリアル）」と呼ばれています。

2 Project-based Learning（プロジェクト型学習）

プロジェクト型学習は、一定の目標に対して一定期間、主にグループでプロジェクト活動に取り組むことを通じて学習する手法です。

日本の高等教育においては、この言葉を「課題解決学習」と訳している場合も多く、実際にはあまり区別されていませんが、特に実務家養成やキャリア教育の文脈で導入が進んでいます。高等教育に対するジェネリック・スキル養成の期待が高まるなかで、座学だけでは育むことができないそのようなスキル向上を特に意識して、プロジェクト型学習の導入が拡大しています。言葉の起源としては、キルパトリックによる「プロジェクト・メソッド」にあると考えられ、欧米では「プロジェクト・アプローチ」として総称されています。プロジェクト・メソッドは、学校教育において生徒が農業をしたり、新聞を発行したりするプロジェクトから発展し、子どもたちに目的設定、計画、遂行、評価の活動を行わせ、「目的的活動」を促す手法として提唱されました。

補足

キルパトリックは、アメリカの教育学者で、デューイとともに「新教育運動」を推進した。

3 2つの PBL の違いとは

以上のように、PBL には2つあるということを紹介してきましたが、Project-based と呼ばれる活動でも、課題を解決することを含んでいますし、Problem-based も、課題を解決するプロジェクトとしてとらえることもできます（図表 3-1）。両者は成り立ち・文脈が異なるだけで、多くの PBL は Problem-based/Project-based 両方の意味を含んでいると考えられます。

しかし、Problem-based の場合は、模擬的な課題の解決策の考案や、模擬的な演習に留まることが一般的なのに対して、Project-based の場合は、実際に発生している問題の解決を行ったりすることも多いところが異なります。また Problem-based の場合は、1つの課題から出発していることが多いのに対して、Project-based の場合は、プロジェクトに取り組むプロセスのなかで、さまざまな課題を解決していく複合的な学習活動となる場合もある点も異なります。

補足

PBL において経験から学ぶ考え方は、「状況的学習論」「経験学習モデル」「正統的周辺参加モデル」と関連している。

図表 3-1　Problem-based Learning と Project-based Learning の違い

概念	Problem-based Learning （問題基盤型学習）	Project-based Learning （プロジェクト型学習）
内容	具体的課題・事例（シナリオ）に対して、その解決に必要な知識を小グループで自立的に学習していく	一定の目標を達成するためにチームで取り組む過程を通じて学習を行う
経緯	医学系・工学系から導入（PBL チュートリアル）	実務家養成、キャリア教育の文脈による拡大

このテキストの PBL はプロジェクト型学習を指すものであると、第1章でも学びましたね。

ポイント

- 多くの PBL は、Problem-based と Project-based の両方の意味を含んでいる。
- Project-based は、実際に発生している問題の解決を行うことがある。
- Project-based は、さまざまな課題を解決していく複合的な学習活動である。

4 2つのPBLの共通点とは

PBLにはさまざまな手法があり、整理されているわけではありませんが、PBLにおおむね共通した特徴は、以下のとおりです。

ポイント

- 学習者が主体的に学習を行う。
- ある課題の解決や、目標の達成（プロジェクト）に向かうプロセスを通じて学習する。
- 主にグループで活動する。

2 PBLの類型

PBLの進め方はさまざまですが、取り組む課題やアウトプット（成果物・結果）の性質によって分類をしてみます。

1 立案型と実行型

まずは、PBLのゴールとなるアウトプットが、課題解決の方策や企画を考えることに限られるのか、実際に実行・制作することを含むのか、によって分類しています。前者を「立案型」、後者を「実行型」と呼びます（図表3-2）。

図表3-2　PBLの類型①立案型と実行型

	立案型	実行型
アウトプット	課題解決プランや企画プランなどの構想（その提案）。	企画の実行、実物の制作など、現場での実証や具現化。
プロセス	机上における思考・学習（調査）が中心。	現場や作業場における活動が伴う。
メリット	・教室だけで完結できる。 ・短時間でも可能。 ・思考や学習に集中しやすい。 ・能力差や環境を問わず、何かしらアウトプットを出すことが可能。	・企画の実行や制作物の試用により実証が可能。 ・実証によるフィードバックが得られる。 ・学習者の行動により結果が変わりやすいので、経験から学ぶことがより多い。
デメリット	・実証が伴わないので机上の空論になる可能性がある。 ・アウトプットのフィードバック（評価）が教員やクライアント（課題提供者）からしか得られない。 ・経験から学ぶことが限られる。	・教室だけで完結できない。 ・比較的時間を要する。 ・行動（作業）が優先になり、思考や学習が希薄になる可能性がある。 ・学習者の能力や、クライアントの状況などの環境的要因次第で、アウトプットが出せない可能性がある。

2 バーチャル型とリアル型

次に、PBL で取り組んだ課題のアウトプットが、社会の経済活動や政策、生活などに直接関わる（影響を与える）ものかどうかによって分類します。直接社会に関わらない課題のものを「バーチャル型」と呼び、関わるものを「リアル型」と呼びます（図表 3-3）。結果的に影響を与えたかどうかではなく、どちらの意図で課題やプロジェクトが設定されているかによって、分類します。

図表 3-3　PBL の類型②バーチャル型とリアル型

	バーチャル型	リアル型
アウトプット（課題）	社会に直接関わらないもの。	社会に直接関わるもの。
例	教員が提示する架空の（模擬的・疑似的）課題など。	企業などのクライアントが提示する実際の課題など。
メリット	・課題の難易度や学習範囲を考慮した調整などが可能。 ・クライアントなどを用意する必要がない。 ・実際の個人情報や機密情報を扱うリスクがない。	・活動による社会的意義から、PBL への動機が得やすい。 ・将来なりたい職業の課題の場合は特に動機が高まりやすい。 ・より実践力が試される。 ・クライアントや PBL の成果を享受できる人にとってメリットがある。
デメリット	・動機づけが難しい。 ・リアリティに欠けた課題では実践力が高まりづらい場合がある。 ・クライアントにとって比較的メリットが少ない。	・課題の難易度や学習範囲を考慮した調整などが難しい。 ・クライアントがいる場合は調整が必要。 ・カリキュラムなどで数年後の課題内容をあらかじめ設定しておくことが難しい。 ・企業等の実際の機密情報や個人情報などの取り扱いが難しい。

補足

「バーチャル」とは「仮想的」「疑似的」という意味である。「仮想現実」「仮想空間」として理解されている場合もあるが、ここでは「仮想空間で行う PBL」という意味ではない。

3 類型別 PBL の例

それぞれの類型を組み合わせ、日本の高等教育において一般的に行われている PBL の例を示します（図表 3-4）。

PBL の具体的な進め方については、第 2 部以降で説明・紹介していきます。

図表 3-4　類型別 PBL の例

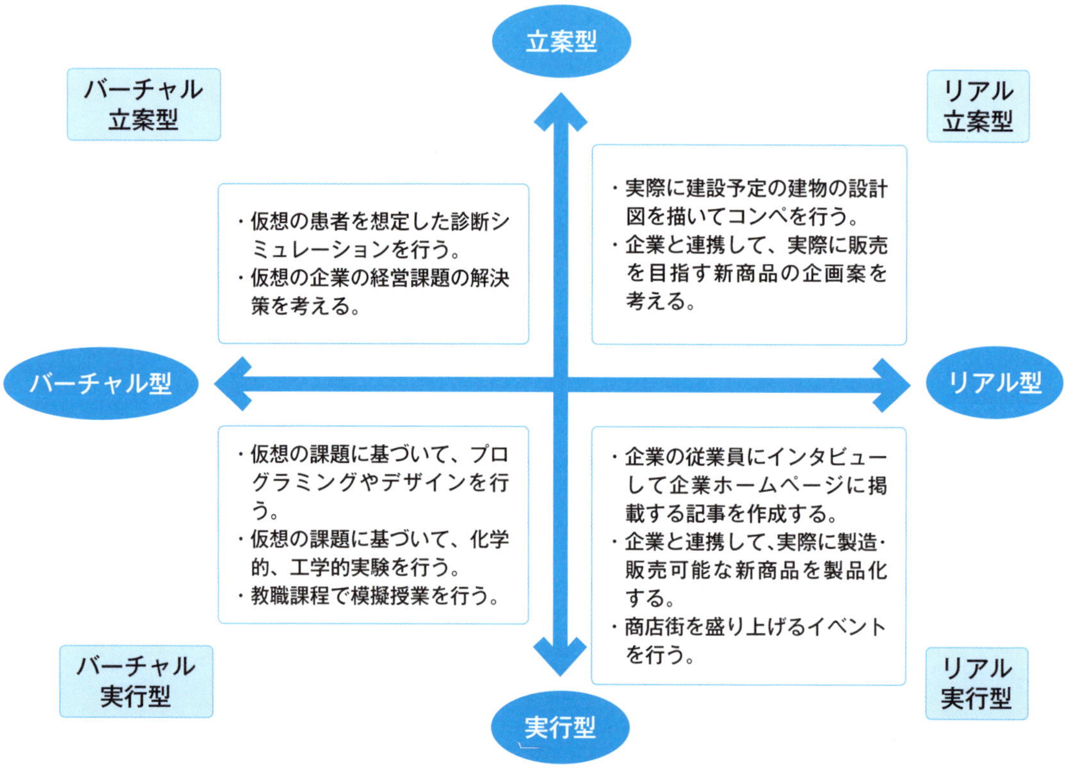

注：参考例のため、状況によって異なる場合がある。それぞれの型についてどのようなものがあるか、このほかの例も考えてみよう。

第2部

PBL 実践編

第2部は、実践編として、ワーク形式でPBL について学んでいきます。ワークをしながら課題解決の流れを学んでいきましょう。また、番外編として、課題解決に必要な「チームづくり」と「依頼元を訪問する際のマナー」についてもみていきましょう。

第4章 課題解決の流れとは？

この章で学ぶこと

PBL（プロジェクト型学習）では、依頼元が提示したプロジェクトの課題の解決策をチームで考え、発表時に実践するのが主な流れです。プロジェクトを通してチームの1人ひとりが成長することも重要です。

1 課題解決するとは？

プロジェクトには「企画をする」「実践する」などいろいろあるんだよ。

1 課題解決とプロジェクトの流れ

社会では、目標に向かって行動できる人材が求められています。なかでも重視されるのが、課題解決能力です。PBLでは、まず目標（あるべき姿）と現状とのギャップを確認し、プロジェクトの課題を整理します。次に、プロジェクトの課題に沿った情報収集を行い、解決策を考え、実行し、振り返って検証するまでが1つの流れになります（図表4-1）。

図表4-1　PBLの流れ

		参照
プロジェクトの課題の整理	現状理解 目的や目標の設定	第5章
課題の分析	情報の収集 情報の整理・分析	第6章 第7章
課題の解決策を考える	企画立案 企画アイデアの検証	第8章
実践	行動計画の立案 実践	第9章
成果の発表・振り返り	準備・リハーサル・最終プレゼンテーション 振り返り	第10章 第11章 第12章

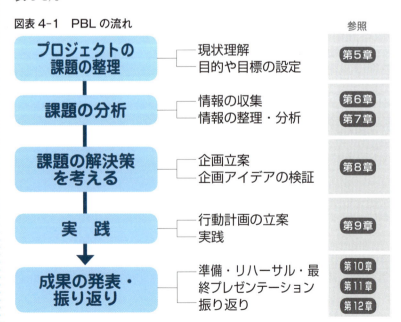

ワーク

体験してみよう

プロジェクトの「課題発見」「企画」といっても、何をするのかイメージがもちにくいものです。このワークを通して、PBL を進めるポイントを確認します。下記の課題についてチームで話し合い、解決策を提示してください。

課題：日本人の英語力を上げるには？

メモ：書記を決めて議論の流れを記録しましょう。

話し合った内容をまとめましょう

「体験してみよう」についての解説

前頁の「体験してみよう」に取り組んだら、以下のチェックポイントを確認してみましょう。

チェックポイント！

□ 最初に現状の確認を行ったか？

プロジェクトの課題を話し合うときには、誤った思い込みのまま議論が進むケースが少なくありません。今回のテーマでは、「日本人の英語力は低い」という前提で話が進みがちですが、そもそも本当に日本人の英語力は低いのでしょうか？　こうした思い込みがあると、その後の解決策が本来の主旨から全く違った方向に進んでしまうことがあります。客観的な事実を調べ、現状確認をすることが大切です。

□ 目標設定とプロジェクトの課題は確認したか？

今回のテーマで、日本人の英語力が「上がった」といえる状態とはどういうものでしょうか？　プロジェクトにおいても、「いつまでに」「どうやって」「何ができたら解決か」など具体的な目標値の設定を行うことが重要です。

□ 原因をしっかり分析したか？

解決策と原因が混在した状態で議論が進むこともあります。ワークを例にすると「海外に留学する機会を増やす（解決策）」「英語力が低いのは英語を話す機会が少ないからだ（原因）」などです。本来のプロジェクトでは、課題の原因分析を行ってから解決策を考えます。

□ 解決に向けたアイデアを複数出すことができたか？

チームで話し合いをしていると、「それはいい！」と思えるアイデアが出てくることもあります。ただ、そのアイデアが正しいと判断するには検証する時間が必要です。また、すでにほかのチームがアイデアを出していたり、誰かが取り組んでいたりすることもあるでしょう。出てきた1つのアイデアだけを深掘りして考えてしまうと、ほかのアイデアを考えられなくなってしまいますから、ここではできる限り多くのアイデアを出すように意識して、あとで深く考えていくようにしましょう。

□ アイデア自体に実現性があるのか？

出てきたアイデアがどれほど正しいもの、すばらしいものだったとしても、実現できなければ課題は解決できません。たとえば今回のテーマでは「公用語を英語にする」「すべての仕事は英語で行う」といったアイデアは、いずれも英語力の向上につながりますが、実現には多くの人の協力と莫大な費用がかかります。自由にアイデアを考える姿勢は大切ですが、実現性の高さは意識しておく必要があります。

2 アイデア出しと課題解決の違い

今回のワークで皆さんに感じてほしいことは、課題解決は「ただのアイデア出し」と違うことです。課題の解決策を考える際、ただアイデアを出すばかりで、情報収集や目標設定がされていないケースが多くみられます。課題解決を成功させるポイントは事前にいろいろな角度から情報を収集することです。そうすることで、目標達成に向けた行動計画を立て、実践していくことができます。

実際にどんなプロジェクトの課題があるのでしょうか？　過去の実例を紹介します（図表 4-2）。

図表 4-2　プロジェクトの課題の事例

機械メーカー	金型づくりの技能を途絶えさせないよう自社の魅力を伝え、かつ大学生の応募につながる企業PR、プロモーション活動を考えてほしい。
芸能事務所	オーディションの集客率アップをテーマに、実践的な PR の手法を考えてほしい。
不動産会社	女性活躍についての具体案を考えてほしい。
家具メーカー	自社ブランド商品をメジャーにするために、オフィス家具の新しい商品提案をしたい。
飲食店	SNS やメニュー表の活用方法など、外国人観光客の獲得（インバウンド需要）に向け、好ましいブランド戦略・商品開発・情報発信を提案してほしい。
飲食店	地元の名産品を若者の視点で全国に広めていく方法を知りたい。また、東南アジア・台湾などを中心とした地域にも積極的に販路を見いだしたい。
区役所	○○駅周辺のゴミ対策を考えてほしい。
電気小売店	町の電気店の未来のため、地域の電気店の存在価値向上と新たなサービスを提案してほしい。
飲食店	3 年後の 2 店舗目オープンを見据えて、店の認知度向上と、女性や若年層の来店割合を上げたい。また、客単価が 1,000 円を切っている点も改善したい。

情報発信などを依頼されるケース

商品開発などの企画系課題

販売を支援するような課題

2 PBL に参加する目標を設定しよう

1 自ら成長させることが大切

PBL で大切なのは、能動的な行動を通して成長することです。ときには思ったように課題が解決できずに計画が頓挫《とんざ》することや、チームがバラバラになりそうなこともあります。実社会においても同様で、最初からすべてがうまくいくことはありません。そうした壁を乗り越え、自らの成長につながる貴重な経験をすることが大切です。

2 プロジェクトを通して学べること

プロジェクトを通して学べることは1つだけではありません。以下にいくつかの例を紹介します（図表 4-3）。

図表 4-3　PBL を通しての学び

社会の理解を深める
企業活動や行政の取り組みを知ることで、社会のしくみや業界理解などを深めることができます。消費者目線から、提供者の目線で仕事を考える貴重な体験です。

社会で求められている力を知る
プロジェクトを推進していくなかで成果を出すために必要とされている力がわかります。社会で求められている力を知ることで、自分の課題を明確にしていくことができます。

自己の理解を深める
自分の強みや弱みを知る機会になります。また、まわりからフィードバックをもらうことで、自己理解を深めることができます。

キャリア形成に必要な力をつける
自分を成長させるチャンスです。プロジェクトのなかで PDCA を回していくことで、多くの学びを得ることができます。

何を学ぶかはあなた次第だよ。

用語

PDCA

業務改善の手法の1つ。Plan（計画）→ Do（実行）→ Check（評価）→ Action（改善）を繰り返すとことを指すが、キャリアの場面では自らの行動改善の方法としてしばしば用いられる。

ワーク

プロジェクトの参加目標を設定しよう

PBL をはじめる前に、目標を設定しましょう。目標は途中で軌道修正しても構いません。最初に自分のゴールを設定することが大切です。

あなたは何のためにプロジェクトに参加しますか？

ヒント：「先生に言われたから」というのは受け身です。主体的な理由を考えてみましょう。

そのためにどんなことをがんばりますか？

ヒント：実際に実現できるようなアイデアを出すなど、自分ががんばりたいことを記入しましょう。

PBL を通してどんな体験や成長をしたいですか？

ヒント：自分の長所を伸ばしたい、本気で取り組む体験がしたいなど記入しましょう。

完成したらチーム内でお互いの参加目標を確認しましょう。

第5章

課題の整理

この章で学ぶこと

この章では、プロジェクトの課題を確認し、解決に向けて取り組んでいきます。最初にすることは課題の整理です。課題の整理を行わず、イメージだけで取り組むと、間違った解決策を提案することがあります。

1 自分たちの課題を確認する

プロジェクトの課題を整理するためには、依頼元に行き、課題についてヒアリングしたり、依頼元のことを調べたりしてまとめる必要があります。図表5-1に記入をしてみましょう。

図表 5-1 依頼元の情報

依頼元		担当者名	
期限（期間）			

今回の課題の内容

どんなことをしている会社（もしくは組織）なの？

課題を出した背景

2 課題を整理する

1 課題を整理する意義

課題は、具体的に提示されることもあれば、こちらで掘り下げて考え、設定することが必要なこともあります。なぜなら依頼元により課題のとらえ方に違いがあるためです。

そのため、最初は依頼元と認識をすり合わせるために、課題を整理しておく必要があるのです。

プレゼンテーションのときになって提案する解決策の内容と依頼者の求める解決策にズレが発覚することがあります。つまり、課題の整理がしっかりされておらず、ピントのずれたプレゼンテーションになってしまうケースです（図表 5-2）。

図表 5-2　課題と解決策のズレ

課題：駅前の商店街を活性化したい

↓

解決策：
町の高齢者があつまる、イベントを企画しました

△△堂
○×商店

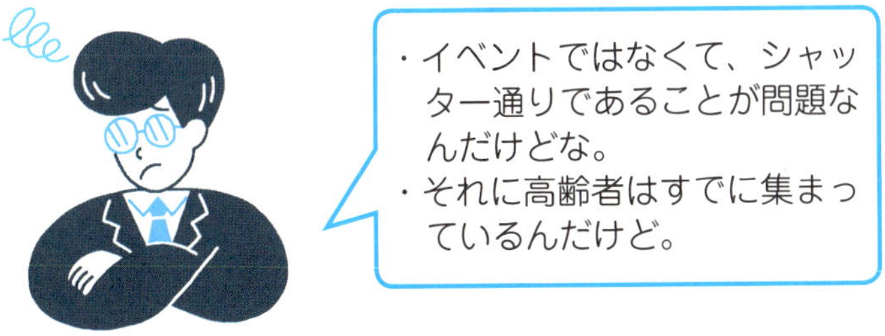
・イベントではなくて、シャッター通りであることが問題なんだけどな。
・それに高齢者はすでに集まっているんだけど。

イベントを企画したけど、相手は違う活性化をイメージしてたのね。

2 課題と解決策がズレているケース

ここで、「課題と解決策がズレてしまった」2つの事例を紹介します。あわせて、推測される原因も記載します。解決策のどの点が課題とズレているのかを確認しておきましょう。

事例①

企業の課題
「惣菜屋というビジネスのイメージを転換したい。そのためのビジネス転換モデルを考えてほしい」

↓

学生の提案
「顧客アンケート分析により、来店客数の低い時間にスムージーを売ることで売上向上を目指す」

提案の結論が目的の一部のみ解決している事例

依頼元が求めているのは、「イメージ転換」です。そのために大きくビジネスを転換することを課題に出していました。スムージー販売では、「イメージ転換」のための提案ではなく「売上向上」のための提案になっています。

事例②

企業の課題
「システム構築のための技術者が足りない。業界全体に技術者を呼び込むためのプロモーションを考えてほしい」

↓

学生の提案
「業界の情報をまとめたサイトを作成し、月間ページビュー数5,000を目指す」

本来の目的を意識したものになっていない事例

まとめサイトのページビュー数が増えることで業界の認知度は上がるかもしれません。しかし、「技術者が足りない」問題は解決していません。「何のために知名度を上げるのか」が抜け落ちてしまっています。

事前の情報の整理を怠り、アイデアありきで解決策を提案しようとすると、課題解決にズレが生まれます。

3 課題の整理は「現状理解」と「目標設定」

課題を整理するためには、現状を理解することと、課題解決に向けた目標の設定が必要です。

まずは、現在の状態を正確に理解できるよう、できる限り多くの情報を集めます。企業の担当者からのヒアリング、インターネット、新聞や雑誌の情報など、調べるツールの幅を広げて、情報を積み上げていくことが大切です。これによって、自分のイメージや思い込み、意思に影響されない事実を知り、現状を理解することができるのです。

そのうえで「どうしたら課題が解決できるのか」を考え、ゴールとなる目標を設定します。目標は漠然としたものではなく、指標となる具体的な数値を設定することが望ましいでしょう。そうすることで、周囲から客観的な評価を受けることができます。「何を」「いつまでに」「どのように」達成していくのかを示すようにしましょう。

4 背景を知る

もう1つのポイントは、課題が生まれた背景を知ることです。そうすることで、現状理解が深まり、より本質的な提案につながるためです。たとえば商品の販路開拓では、その商品に懸ける想いを聞いてみてもよいですし、自社の PR では、社名の由来を聞いてみるといったこともそれに当てはまります。以上をまとめると、図表 5-3 のようになります。

図表 5-3　課題の整理

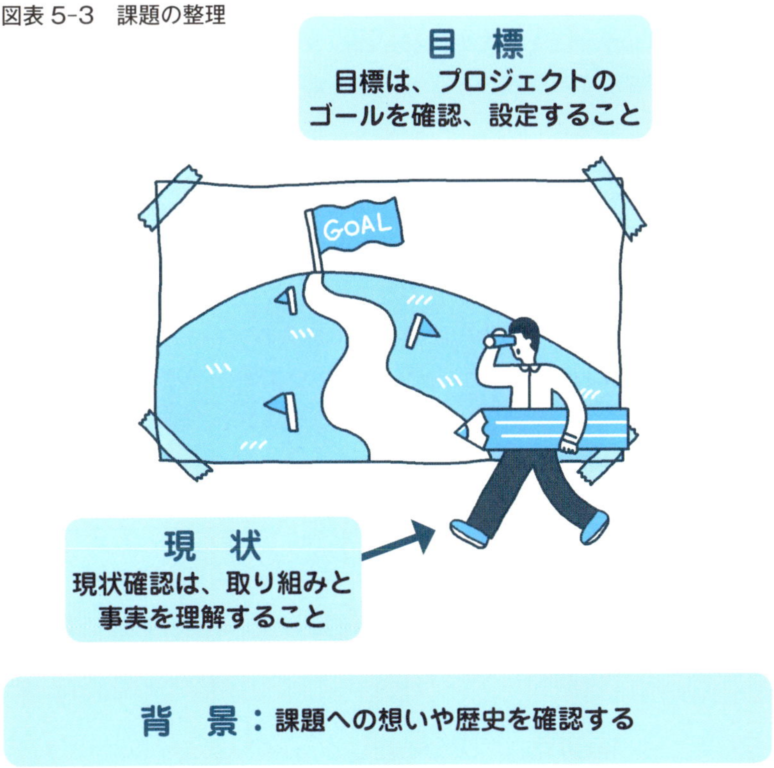

補足

正確には、「目的」と「目標」には違いがある。目的は、最終的な行き先で抽象的である。そのため、基本的に目的は1つである。一方で、目標は、目的を達成するために必要なチェックポイントのようなもので、具体的である。そのため、目標は1つではなく、複数あるケースもある。左記の目標も本来は目的に近いものだが、ここでは混乱を避けるため、目標と表現している。

5 疑問に思うことを書き出そう

実際に、現状と目標の違いを整理してみましょう。前述の「駅前の商店街を活性化したい」を例に、違いを考えてみます。ここでは、AとB、2つの商店街の違いをみてみましょう（図表5-4）。

図表 5-4　課題の違いの例

	商店街A	商店街B
課　題	駅前の商店街を活性化したい	
現　状	・シャッター通りになっており、半分以上の店が閉店していて、閑散としている。	・商店街の高齢化が進んでおり、若者が来ない。 ・店舗の高齢化も進んでおり、若者向けのコンテンツがない。
目　標	・空き店舗を利用して人が集まる場を1つつくる。 ・場をオープンし、1日100名以上を集客する。	・若者が足を向けるきっかけになるようなイベントを企画する。 ・20代以下の若者を100名以上集客する。
背　景	・地元に大型店舗ができたことで、そちらに客が流れており、商店街への足が遠のいている。	・かつては歴史ある商店街で、祭りなどで賑わっていた。若者が増えることで、街全体を元気にしたい。

同じ課題でも現状を調べると違いがあるよね。

このように整理すると、同じ商店街の活性化でもAとBで違いがあるのがわかります。A、Bそれぞれの商店街の現状、目標、背景を知ることで、解決すべき課題がより明確に絞り込まれます。

現状理解は、依頼元から（その場で）情報を聞くだけではなく、できるだけ多くの情報を集めることが重要になります。また、「こんなイメージ」と思っているものでも必ず事実確認をしましょう。案外、イメージと事実にズレがあることもあります。

次の頁には、どんな情報が必要なのかについて考えるワークを入れています。ワークシートの中にはヒントを入れていますが、調べることは、課題によっても変化します。どんな情報が必要か考えてみましょう。

相手が何を求めているか聞くことが大事です。

ワーク

課題を整理してみよう

課題についてわかっていること、わかっていないことを整理しましょう。チームでたくさん意見を出して、現状を整理してください。チームづくりの方法については、番外編 1（86 頁）に紹介しています。参考にしてください。

課　題		
	わかっていること	わかっていないこと
現　状	これまでの取り組み	
	企業の強み・弱み	
	困っていること	
	現在の実績	
	ほかの解決事例	
目　標	どんな解決策があるのか	

第6章 情報収集

この章で学ぶこと

PBL を進めていく過程では、情報収集をする機会が何度もあります。ここでは、情報の中身と調べる方法の違いを知り、情報を得るための収集・調査方法について学びます。

1 何を調べるかを整理する

プロジェクトの課題の整理ができたら、いよいよ課題解決に向けた行動に動き出します。最初の一歩は、現状についてわからないことをできるだけくわしく調べることです。課題の発表のときに、依頼元からいろいろな話を聞いていると思いますが、その話を鵜《う》呑《の》みにするのではなく、実際に情報を確認することが大切です。

たとえば、「最近は、若者の３人に１人が３年以内で辞めることが問題になっています」という話があったとします。この場合調べたいことは、「それはいつから起きているの？」「景気の動向に関係なく、３人に１人が辞めているの？」「そもそも、３人に１人が辞めるというデータは何を元に話されているの？」というようなことです。

調べていくと、当たり前のように話されている事実でも、先入観やイメージの場合も少なくありません。また、データの一部だけを切り取って間違った解釈をしていることもあります。そのため、客観的な事実をできるだけ多く集めることが重要になるのです。図表 6-1 のようにさまざまな観点から整理してみましょう。

いろいろな角度で興味や疑問をもつことが大切だよ。

図表 6-1　何を調べるかを多角的に検討する

課題：若者ウケする新しいクレープをつくりたい
Crepe
クレープの種類は？
人気があるのはどんなクレープ？
若者はどんな食べ物を好むの？
特に若者にウケているものは？

ワーク

何を知りたいか整理しよう

情報収集をする場合には、「何を知りたいか？」「そのために何を聞くか？」ということを事前に明確にする必要があります。自分たちの調査の目的を整理してみましょう。

知りたいこと=疑問点を書き出そう！

考えるヒント

- 依頼元の商品やサービス、顧客の情報などは？（いつ売れる？　誰が買う？　など）
- 依頼元を取り巻く業界の動向や他社の取り組み、過去の事例などについては？
- 今回の課題を解決した事例は？
- 成功事例や失敗事例は？
- 話のなかで出てきた傾向は事実か？
- 最新のニュースや統計データなどは？

どのような情報の集め方が適切ですか?

いつ、どのようにして情報収集を行いますか?

2 情報収集の方法① 既存の調査データを活用する

1 統計データを活用するとは？

すでに調査されているデータを探してみましょう。多くの課題については先行した取り組みや、調査事例があります。

オススメは、各省庁が出している白書で、調べたデータ数が多いのが特徴です（図表 6-2）。また、定期的に調査しているデータや最近の世の中の動向を調査しているデータも多数あります。新聞やニュースを見ると、「○○によると」「○○の調査では」といったことが記載されているのでそれをヒントに元になる統計データを探します。

また、業界ごとの団体が発表している業界動向がヒントになることもあります。「経団連」（日本経済団体連合会）や経済同友会、日本商工会議所などの情報は、企業活動の動向を知る上でも役に立つことが多いです。ほかにも、自社でシンクタンクをもっている企業がデータを集めて発表しているケースもあります。業界（電力会社、証券会社、教育会社など）の取り組みを調べてもよいでしょう。ただし、収集した情報の信頼性には注意が必要です。調査データは、方法や時期、タイミングにより結果が異なります。既存のデータを調べるときには、統計データは、「いつ」「だれが」「どうやって」集めたデータなのかをしっかり確認しましょう。

インターネット上に匿名公開されたウェブサイトやブログから引用しているデータには注意が必要です。

図表 6-2　白書のデータ例――居場所の有無

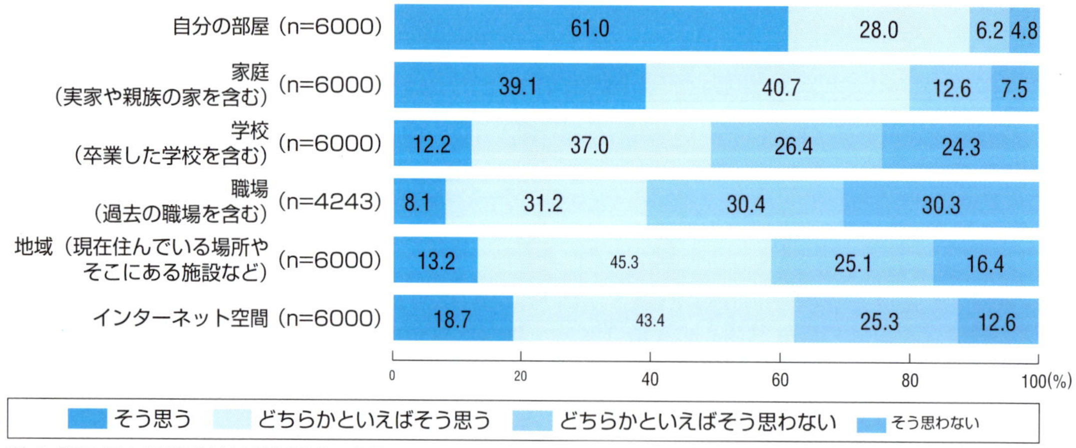
自分の部屋（n=6000）
61.0
28.0
6.2
4.8
家庭（実家や親族の家を含む）（n=6000）
39.1
40.7
12.6
7.5
学校（卒業した学校を含む）（n=6000）
12.2
37.0
26.4
24.3
職場（過去の職場を含む）（n=4243）
8.1
31.2
30.4
30.3
地域（現在住んでいる場所やそこにある施設など）（n=6000）
13.2
45.3
25.1
16.4
インターネット空間（n=6000）
18.7
43.4
25.3
12.6
0
20
40
60
80
100(%)
そう思う
どちらかといえばそう思う
どちらかといえばそう思わない
そう思わない

注）1.「職場（過去の職場を含む）」は就業経験者のみ回答。
2. グラフでは「そう思う」「どちらかといえばそう思う」それぞれの回答について、小数点以下第2位を四捨五入しているため、両者を合わせた回答率とは合わない場合がある。

出典：内閣府『子供・若者白書（平成 29 年版）』4 頁をもとに作成。

2 本や新聞を活用する

インターネットは情報収集に便利ですが、すべてではありません。図書館などで書籍を調べたり、大学では論文を調べるといった方法もあります。常に新しい情報が更新される新聞もオススメです。情報の発信元がさまざまな所に存在することを覚えておけば、何か疑問が生じたときに、幅を広げて情報収集ができます。

3 情報収集の方法② 自分たちで調査する

1 自分たちで調査するとは？

何かについて調べるときは、公開された情報を収集するという方法もありますが、自分たちで調査するという方法もあります。学内でアンケートを取ったり、ヒアリングを行ったりする方法です。自分たちで調査することで、課題に対するより詳細な情報を知ることができます。既存のデータがない場合でも、自分たちが聞きたい情報に焦点をしぼって、情報を得られるのがメリットです。

2 自分たちで調査した方がよいケース

自分たちで調査した方がよいケースは、以下のパターンが考えられます。

ケース①

・結果がバラバラで統一の答えを探すのが難しいとき

たとえば、「女性に人気のある化粧品ブランドは？」といったデータは、国の統計データも少なく、調べるといろいろな結果が出てきます。自分たちが知りたい対象を絞り込んで調査することも 1 つの方法です。

ケース②

・情報が古く、新しい情報が見つからないとき

・情報源が怪しいとき

何年以上の情報は古いという判断はケースバイケースですが、環境が変わっているのであれば、使用は控えましょう。たとえば、「学生が企業を選ぶときに重視するもの」というデータの場合、傾向が毎年違うので、3 年以上も前のデータであれば本来の主旨とは全く違う傾向になることもあります。

ケース③

・商品やデータの背景にある声を聞きたいとき

データは万能ではありません。個別に聞くことで数字では見えないことを知ることもできます。たとえば、「A という商品が売れない」

という理由を考えるとき、売れていないデータは集まりますが、なぜ売れていないかは、聞かなければわからないこともあります。

ケース④

・自分たちの仮説とズレがあるとき

統計データがあったとしても、自分たちの仮説と違うときは調べてみる価値があるでしょう。さらになぜ、自分たちの仮説にズレがあるのかを考えることも課題解決のヒントになります。

結論ありきで、自分たちに都合のいい情報を探すことがないようにしてくださいね。

3 定量調査と定性調査

調査には、大きく分けて2つの方法があります。それが「定量調査」と「定性調査」です。「定量調査」とは全体像を客観的な数字、つまり数や割合を明らかにするためのもので、「定性調査」とは理由や原因を探るために用いられます。両者の特徴を踏まえて、うまく組み合わせながら調査を進めましょう（図表6-3、6-4）。

図表6-3　定量調査と定性調査の違い

	定量調査	定性調査
内　容	アンケートなどの定量データで分析や集計による調査	ヒアリングなど新しい理解につながる質的データを得る調査
メリット	・客観的な数字で示されるので説得力がある ・「全体像」を把握しやすい	・個別の意見やデータでは見えにくい背景を知ることができる ・「質的情報」を把握しやすい
背　景	・ある程度回答数が必要なので、回答を集めるのにかなりの労力が必要	・個人の意見なので、それが全体の意見として正しいとは限らない

図表6-4　定量調査と定性調査の違い（イメージ）

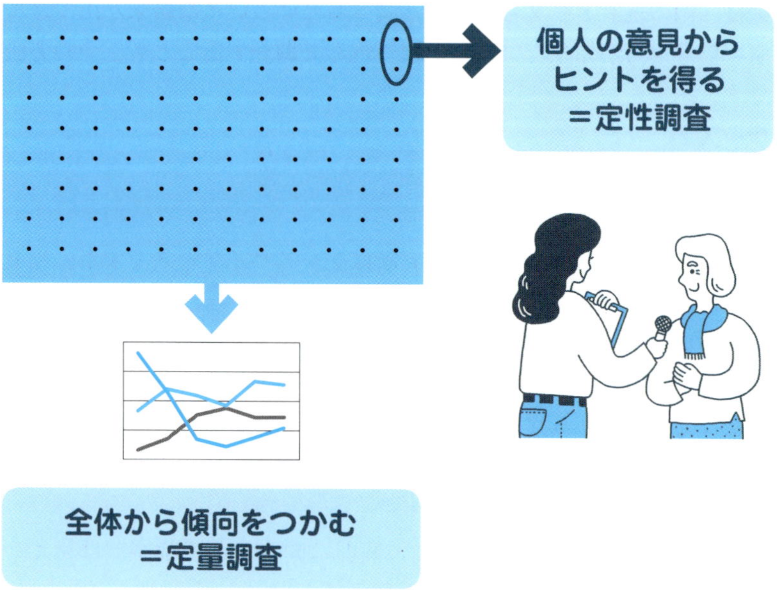
個人の意見からヒントを得る＝定性調査
全体から傾向をつかむ＝定量調査

4　情報収集の方法③ 依頼元にヒアリングする

1 依頼元にヒアリングするとは？

依頼元に行き、ヒアリングするのも情報収集の方法の１つです。目標などのすり合わせができていない場合は、ここで確認します。ヒアリングでは事前に調べてわからなかった点、さらに掘り下げたい点などを確認するとよいです。逆に、少し調べてわかることを質問するのは失礼にあたります。その際にあわせてヒアリングしておきたい項目は第５章（35 頁参照）で紹介した３点です。

①課題に関しての現状
②課題の目標（ゴール）
③課題の背景（想い）

2 質問は５W １H を意識する

質問には「クローズド・クエスチョン」「オープン・クエスチョン」の２種類があります。クローズド・クエスチョンとは、「はい」か「いいえ」の二者択一で答える質問です。ヒアリングのときに気をつけたいのは、結論ありきのクローズド・クエスチョンです。明確な答えを求めるときに効果的ですが、話が広がりにくいという短所があります。一方で、オープン・クエスチョンとは「どんなことがあるか？」「どのように考えているか？」など、相手の言葉で自由に答えてもらう質問です。ヒアリングの際には、５W １H を意識しながらオープン・クエスチョンも使いましょう。

「なぜ」が繰り返されると詰問調になるので、注意しましょう。

質問のポイント（５W １H）

When（いつまでに・いつ）	What（何を）
Where（どこで）	Why（なぜ）
Who（誰が）	How（どうやって）

〈質問例〉
・貴社の商品が他社と違うところはどんな部分ですか？
・お客さまからはどういった部分が魅力と言われていますか？
・貴社が大切にしていることは何ですか？
・これまでの課題に対する取り組みについて教えてください。
・最終的に、どんな状態になることがゴールだと考えていらっしゃいますか？
・いつからその取り組みをされていらっしゃいますか？
・どのぐらいの人や予算を考えていらっしゃいますか？
・課題を出された背景についてくわしく教えてください。

依頼元にヒアリングを行う場合の注意点

インタビューの際には下記の注意点に従い、社会人のルールにのっとり行動をしましょう。失礼な対応は、相手に不快感を与えることがあります。

なお、番外編2（90 頁）にもくわしい企業訪問のマナーを掲載しています。そちらにも目を通しておきましょう。

用語

アポイントメント

面会や会合の約束のこと。「アポ」と略されることもある。

〈アポイントメントの際の心構え〉

・必ず自分から名前を名乗り、目的を告げる。
・いきなり取材に入らずに、事前に協力の可否を確認する。
・時間を守る。
・聞いた内容は口外しない（秘密保持違反になる可能性があります）。
・あいさつはハキハキと。
・写真撮影などを行う場合は、事前に許可をもらう。また、使用する場合は、使用目的などをしっかりと伝える。
・事後にはしっかりとお礼を伝える。

〈時間・緊急時の対応〉

・時間は必ず守る。約束時間の 5 分前には到着しておくことが基本。
・全員が遅れる場合、相手に遅れる旨を電話で連絡する。
・自分が遅れる場合は必ず開始前にほかのメンバーに連絡をしたうえで、そのメンバーから遅れる旨を相手に伝えてもらう。
・遅れた場合、到着時にまず「遅れて申し訳ありません」と謝罪する。

　×「電車が混んでまして。遅れてすいません」

ワンポイントアドバイス

事前の準備が大切です。インタビューできる時間には限りがあります。事前に自分で調べられることは、取材で聞く必要はありません。何を聞くべきか事前に考えてから、インタビューに臨みましょう。

情報収集が終わったら、次は課題を分析してみよう。

第7章

課題の分析

この章で学ぶこと

情報が集まってきたら、それらを整理して課題の分析を行います。整理・分析することで、課題の本質的な問題を理解したり、課題が発生する原因を特定したりすることを目指します。

1 集めた情報を整理する

1 すべての情報を書き出す

チームで作業をする場合、一度すべてを目に見える形にするとよいでしょう。具体的な方法はいくつかありますが、ここでは付せんを使った情報整理の方法について解説します。付せんを使った情報整理は、移動や並べ替えがしやすく、まとめの作業が進めやすくなります。

少し大きめの付せんを準備します。そこにチームのメンバーが各自で調べた情報をどんどん書き出していきましょう。まずは、順番や内容を気にせずキーワードを付せんにどんどん書き出していきます。後で整理しやすくするために、付せん1枚につき書き込む情報は1つにすることを心がけましょう（図表7-1）。

補足

ここで紹介している方法は、KJ法がもとになっている。KJ法とは、文化人類学者の川喜田二郎が開発した手法で、出てきたアイデアのうち、似たものを集めてグループ化を行い、意見全体を整理する方法。

図表 7-1　付せんのまとめ方

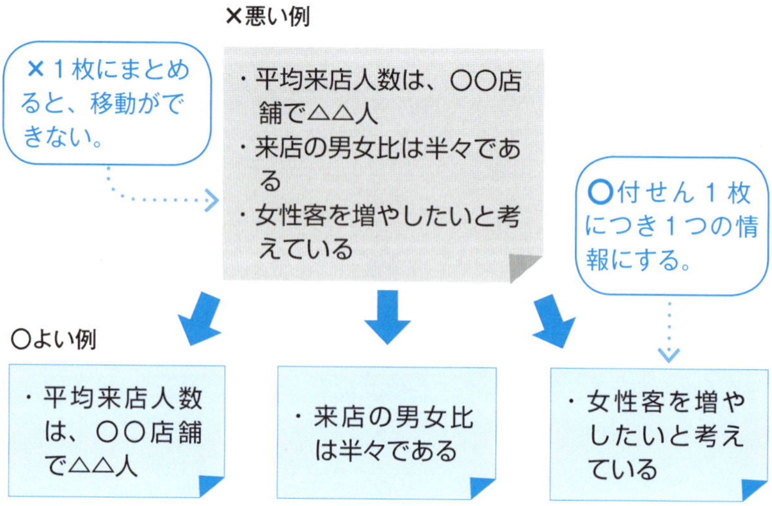

重複はあとで整理しよう。まずは書き出すことが大切だよ。

2 グループを分けてまとめる

すべての情報を書き出したら、模造紙やホワイトボードなどに貼り付けながら、類似するものを分け、グループごとに整理します。このとき調べたねらいを意識してグループに名前をつけます。

たとえば、「商品に関すること」「対象顧客に関すること」「過去の取り組み事例」など、具体的なグループ名をつけます。また、1枚で独立しているものは、独立したグループとみなします。

3 グループごとの関連性を考える

付せんをグループごとに整理し、グループ間の関連性がわかるように並べ替え、必要に応じて線や矢印でつなぎましょう（図表 7-2）。また、作業を進めるなかで気がついたことも書き込みます。

このように整理していくと、情報が偏っていることや、不足している情報が何か一目でわかるようになります。不足していることに気づいた情報については、さらに調査を進める必要があります。

図表 7-2　情報のグループ分け・グループの位置・関連性の整理

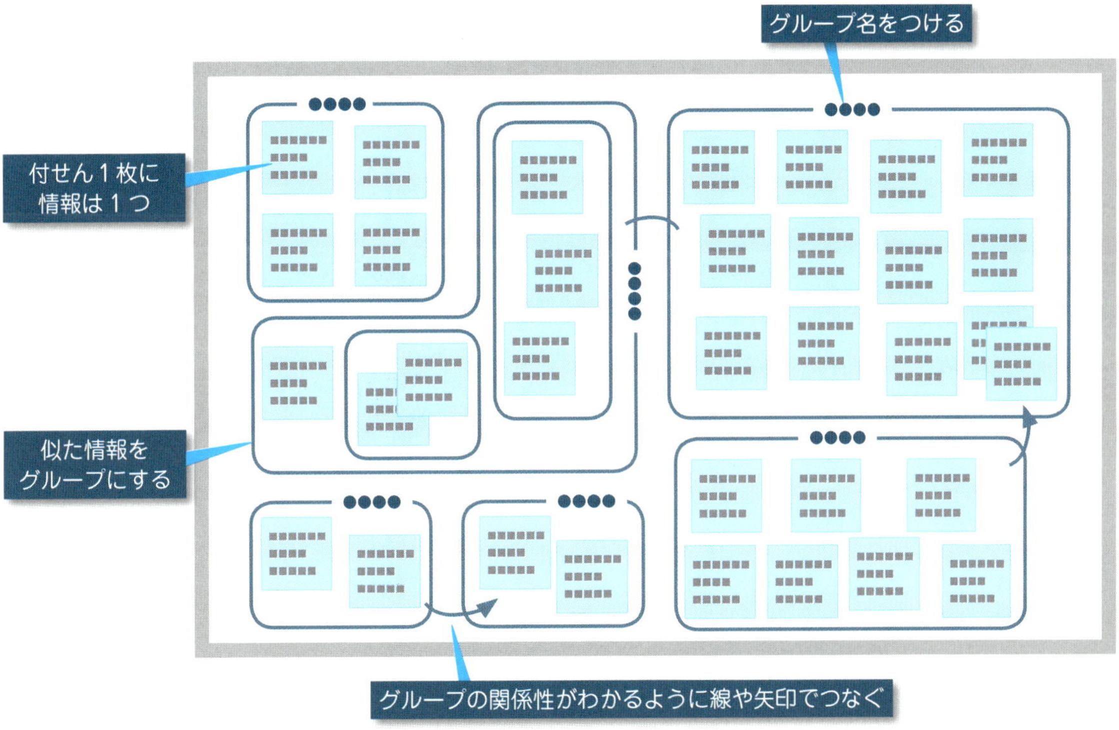

2 課題を分析する

次に現状と目標のギャップについて考えます。課題の解決案の提案とは「現状から目標に到達する方法を提案すること」と言い換えることができるからです。

図表 7-3 の例では、女性客を 30%まで増やしたいと依頼元は考えています。しかし、現状の女性客は 20%です。課題分析とは、この目標と現状のギャップが生まれる理由を考え、何が問題かを特定することです。たとえば、「ヘルシーなメニューが少ないので女性客が集まらない」と分析した場合は、「ヘルシーなメニューを増やす」ことが解決策になります。「広告をあまりしておらず、女性客に知られていない」が課題の本質だと分析した場合は、「広報の戦略を考える」ことが解決策の提案につながります。

図表 7-3　目標と現状のギャップから問題を特定する

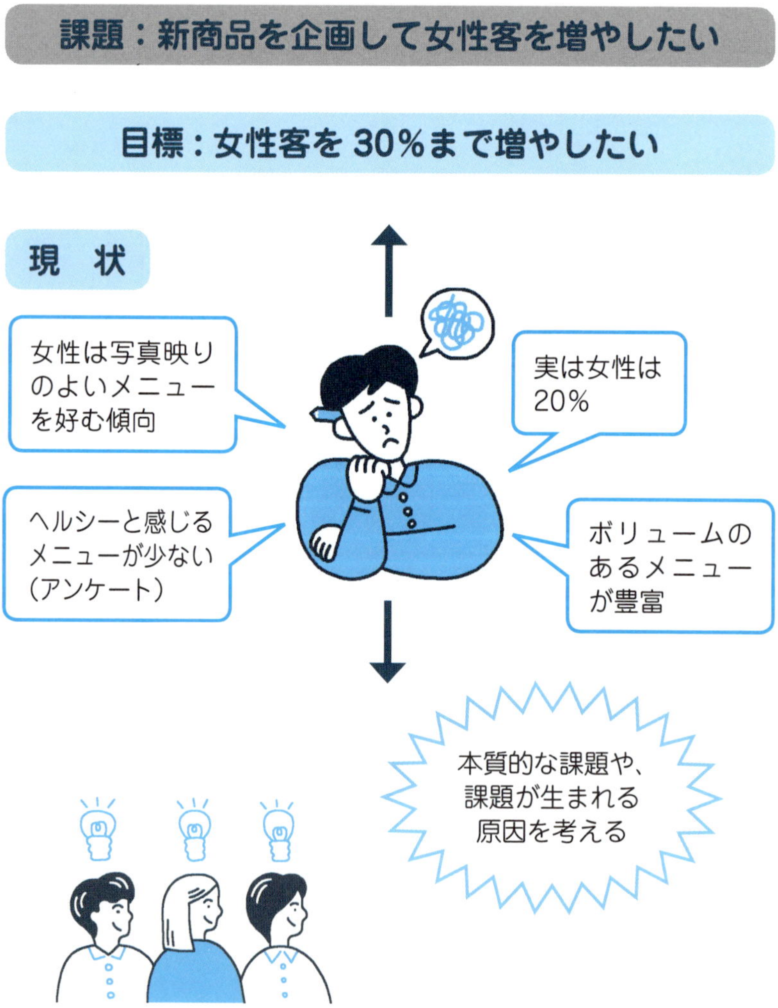

ワーク

課題を分析してみよう

目標（修正はしなくても大丈夫?）

↓

現状でわかっていることは何か?

↓

目標達成に向けて問題になっていることは何か?

第8章 課題の解決策を考える

この章で学ぶこと

課題の本質や原因が分析できたら、いよいよ解決策を考えます。この章では、解決策の出し方のヒントやまとめかたについて学び、具体的な解決策をまとめていきます。

1 解決策を考えるポイント

1 アイデアを出し、絞り込みをする

解決策を考えるときに大切なのは、「アイデアをたくさん出す」という段階と、「出たアイデアを絞り込む」という２つの段階に分けることです。

「アイデアをたくさん出す」段階では、これまで集めた情報などをもとに解決策を出します。大切なのは、自由に解決策を考えることです。あなたの中に蓄積された情報をもとにして、できるだけ多くのアイデアを出しましょう。

一方で、たくさん出た解決策を整理し、まとめるのが「出たアイデアを絞り込む」段階です。解決策を出すときには自由に発想しますが、絞り込みの段階では、出てきた解決策を１つずつ精査します。なかにはすでに実施済みの解決策もありますし、期間的に現実的ではないものもあるでしょう。

作業では「アイデアを出す時間」「絞り込む時間」を分けながら進めてみよう。

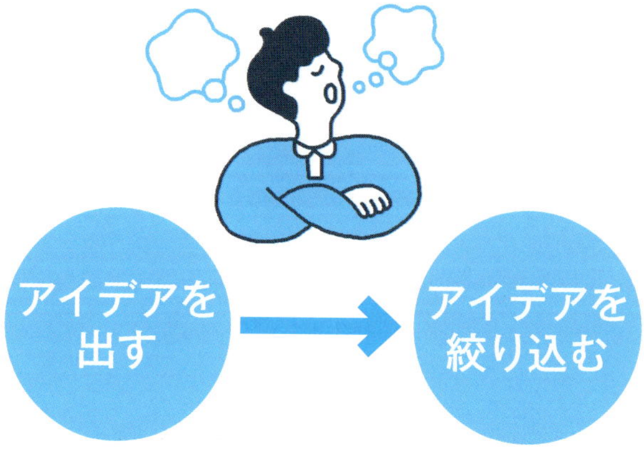

2 ブレーンストーミングとは？

アイデア出しのための思考法は調べるとたくさんあります。マインドマップ、ロジックツリーといった言葉を聞いたことがある人もいるかもしれません。ここでは、新しいサービスなどの企画に使いやすいブレーンストーミング（以下、ブレスト）という方法について紹介します。ブレーンストーミングは、メンバーが自由に発言・発想をすることで、いろいろなアイデアを生み出すための手法です。

用語
マインドマップ
テーマを中央に書き、そこから連想した言葉を放射状につなげていくアイデア出しのための思考法。

用語
ロジックツリー
最上位に結果を書き、その原因を下位に書いていくことで考え方をまとめる方法。

用語
ブレーンストーミング
アメリカの広告代理店の副社長だったオズボーンが考案した、アイデアを生み出すための手法。

ブレストのルール（4 原則）

批判の禁止……その場で出た意見の批判をしない。
自由奔放…… どんなアイデアでも受け入れる。
質より量重視…… 意見の質については気にしない。
結合改善…… 他人のアイデアを参考にする。

解決策の話し合いでは、アイデアをすぐに引っ込めさせてしまう場面をよく見かけます。誰かが「それは○○でだめなのでは」と批判をはじめると、話し合いが進みません。「よい解決策を言わないと……」となることで、さらに意見が言いにくい空気ができます。

ブレストでは、出た意見については批判をしません。あとからそれは精査していくことになるので、まずは質よりも量を重視し、自由にアイデアを出していきましょう。

図表 8-1　よくある失敗パターン

課題：学生に対して自社の魅力を PR したい

↓

解決策：SNS を使って情報発信します

PR = SNS はよく出る意見。いろいろな角度から考えてもいいのに。
もう少し、学生らしい視点で、私たちが考えないような PR の場や方法を考えてアイデアを出してほしいな。

ブレストが不十分だと左の図表 8-1 のようにありきたりの解決策になることがあります。

ワーク

アイデアを書き出そう

課題解決のためのアイデア出しを行いましょう。上手に進めるポイントは、「課題（テーマ）」と「解決すべき問題」を再確認し、何の話し合いかを明確にすることです。テーマに沿って、時間の許す限り、意見を出し合いましょう（付せんに書き出しておくと、あとでまとめやすくなります）。

依頼元から提示された課題

解決方法・解決案

調べていくなかで、わかってきた本質的な問題（解決すべきこと）

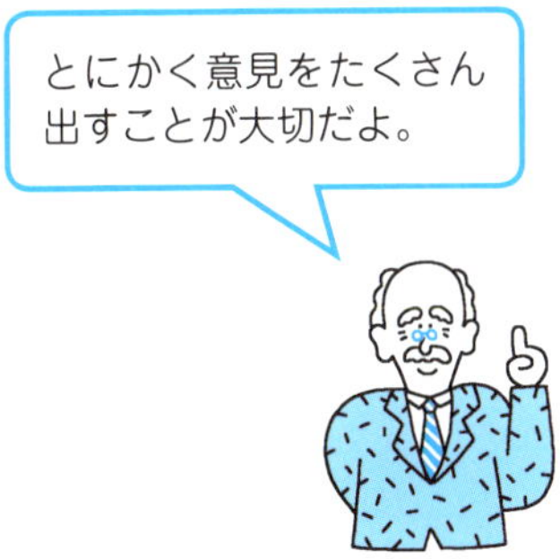
とにかく意見をたくさん
出すことが大切だよ。

2 魅力的なアイデアにするために

1 遊び心を加えてユニークなアイデアにする

出てきたアイデアには、遊び心を加えることも大切です。そうすることで、独自性の高いユニークなアイデアになることがあります。たとえば、ダンスが好きな人は、「ダンスと組み合わせられないか？」ゲームが好きな人は「ゲームと組み合わせられないか？」というような考え方です。

補足

遊び心については、株式会社電通が運営する「電通報」が参考になる（https://dentsu-ho.com、アクセス2018年12月1日）。

2 楽しみが人の行動を変える

ここではフォルクスワーゲンスウェーデン社が提唱している「ファンセオリー」という取り組みを紹介します。

ファンセオリーは、“楽しみが人の行動を変える”というコンセプトでつくられた、さまざまなアイデアです。たとえば「公園のポイ捨てをどうすれば減らすことができるのか？」というテーマについて、ファンセオリーでは、ゴミ箱にゴミを捨てると、ゴミがはるか下まで落下する音が鳴る仕掛けを施しました。このように、ただ解決策を考えるだけではなく、アイデアの中に「ちょっとした遊び心」を入れてみてください（図表8-2）。

用語

カラーラン

走りながらいろいろな色のカラーパウダーを浴びるイベント。アメリカで考案された。

図表 8-2　過去にあった提案事例

課題：学生に対して自社の魅力を PR したい
アルミホイルの掘削加工メーカー

食べもの	×	加工技術の魅力	＝	本物そっくりの食材アート
カラーラン	×	仲のいい社風が魅力	＝	地域密着の運動会の開催
インパクト	×	自由な社風面白さ	＝	アルミ製人体模型

出てきた解決策に、自分たちの身近な遊び心を入れると、学生らしい面白い解決策が生まれることがあります。いろいろなものと組み合わせてみましょう。

3 アイデアを絞り込む

1 アイデアの検証

アイデアを絞り込んでいく段階では、多数決で決める方法を選びがちです。間違いではありませんが、どうしても無難な意見にまとまる傾向になります。それでは、せっかくの皆さんの素敵なアイデアの魅力を消しかねません。そこで、出てきた解決策に項目を設けて点数化し、比較してみましょう。

次頁のワークでは、仮に項目を入れていますが、項目は自由です。プロジェクトの課題の要望にこれ以外の軸がある場合は、軸を変更してください。

たとえば、「学生らしいアイデア」という要望が入っていたら、項目に「学生らしさ」と入れます。「ターゲット層にマッチしたもの」という要望があれば「対象適合性」と入れます。

2 そのほかの検証方法

そのほかの解決策の検証方法として、以下の3つを紹介します。

①モニターなどのユーザーに意見を聞く

商品開発のアイデアなどを求められている場合は、実際に試作品を使ったり、アイデアを見せて意見を求めたりする方法をとります。たとえば、対象が高齢者などの場合には、自分たちでアイデアの良し悪しを考えるよりも、ほかの人の意見を聞く方が、より効果的となるケースもあります。

②依頼元に相談する

場合によっては、依頼元に相談をします。質問または訪問が可能な場合に限られますが、企画をいくつかあげて、課題を出した相手に相談する方法です。場合によっては、技術的に不可能なこと、別の場面ですでに解決策を試しているケースもあり得るため、この段階で誤った解決策を出してしまうことを回避できます。

③既出のアイデアか確認する

そのアイデアがすでに実現されていないかを確認します。気をつけたいのは、「すでにある」＝ボツではないことです。逆にすでに実現されているのであれば、少し視点をかえるだけで形にできる可能性が高いともいえます。依頼元や同業他社が実施している場合は別ですが、もしほかの業界などで実施されたり、実現されている場合には、そうした解決策は「可能性あり」と残してもよいでしょう。

ワーク

アイデアの絞り込み

出てきたアイデアを絞り込みます。候補を３つに絞り込み、「アイデアの内容」「３つの魅力」「目標に対して期待される効果」を記入していきましょう。魅力が少なかったり、目標に対して効果が期待できないアイデアは採用できません。次に、重要な項目を決めてそれぞれの要素で採点をしていきます。前頁に書いているようにまわりに意見を聞くのもいいでしょう。

	アイデアの内容	魅　力
候補１		①
		②
		③
候補２		①
		②
		③
候補３		①
		②
		③

目標に対しての効果	採点項目					
	独自性	先行事例	実現可能性	期　間	コスト	総合評価

第9章

行動計画の立案と実践

この章で学ぶこと

アイデアが決まったら、具体的な実現プランを考えます。行動計画を立てたり、アイデアの検証を行ったりすることで、アイデアを実現可能なものに煮詰めていく段階です。PBLによっては、「アイデアをまとめて解決策として提案する」まで終わるものもあれば、「解決策として実践してみる」という取り組みもあります。ここでは実践までのおおまかな流れを紹介します。

1 解決策を具体化する

この段階で皆さんが考えたアイデアは、解決策とは呼べません。それは、出てきたアイデアを実現していくプランが足りないためです。そこで大切になるのが、具体的な行動計画を立てることです。着想はよいのに、「実現性に難あり」とプレゼンテーションでフィードバックを受けるのは、この具体性がないケースです。せっかくのアイデアを台無しにしないためにも、実現するための行動計画をつくっていきましょう。

2 実践には大きく3段階ある

解決策の提案といっても、段階があります。時間に限りがあるため、解決策を実践するところまでできないこともあります（商品の企画をしても実現まで1年かかる、授業期間が半年しかない、など）。ここでは、行動計画の立案と実践について3段階で分けています。

段階1：具体策を考えるところまで

実践までのプランをつくる段階です。「誰が」「何を」「いつまでに」を決めていくことが重要です。

段階2：企画の仮説検証まで

そのアイデアの方向性が合っているかを検証する段階です。「学内で企画についてアンケートをとった」「実際に試作品を作って試してもらった」などです。実際にやってみると企画の壁が見えてきます。「検証→修正」というプロセスが入ることで具体性が大きく増します。

段階3：依頼元と一緒に実践してみる

解決策を、依頼元である企業や行政と一緒に実践する段階です。実践することで、次の改善点がわかることもあります。逆に実践できない場合も解決策の課題が明確になります。

ワーク

TO・DOリストを書き出そう

アイデアの実現に向けて何をしなければいけないか TO・DO リスト（現在するべきことを記すリスト）を書き出しましょう。書き出し段階ではブレストと同じです､項目の大小にかかわらず、まずはできるだけ多くを書き出しましょう。付せんに書き出すことがオススメです。ある程度出揃ったら、似たような項目にまとめて、するべきことを整理しましょう。

するべきことを書き出そう

出てきた TO・DO を整理しよう

ワーク

ガントチャートをつくってみよう

ガントチャートとは、プロジェクト管理のためにスケジュールを可視化したものです。何を、誰が、いつまでにするかを書き出すことで、それぞれの関係性がわかるだけでなく、プロジェクトの進捗状況を視覚的に把握できます。ここでは、簡単なチャートを作成するところまで行いましょう。

するべきこと	担当者	開始と締め切り	時期				
			/	/	/	/	/

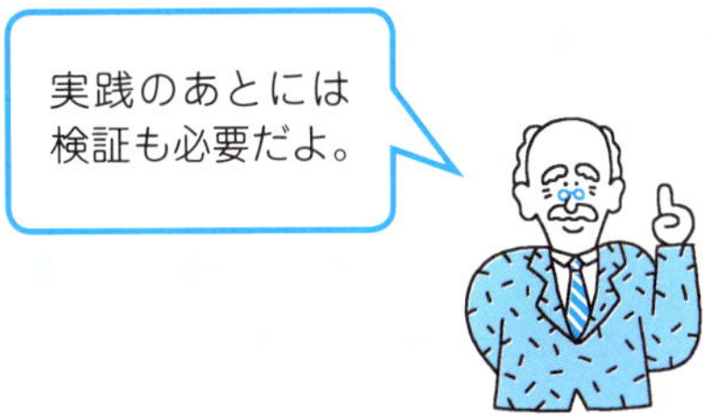
実践のあとには
検証も必要だよ。

	時期																
	/	/	/	/	/	/	/	/	/	/	/	/	/	/	/	/	/

第10章 プレゼンテーションの準備

この章で学ぶこと

自分たちの取り組みを相手にわかりやすく伝えるための、シナリオづくり、資料作成、話し方について解説します。

1 プレゼンテーションのための準備

解決策がまとまったら、プレゼンテーションの準備をします。プレゼンテーション（以下、プレゼン）で大切なのは、自分たちの意見をわかりやすく相手に伝えることです。この章ではプレゼンに必要な準備を「シナリオづくり」「資料作成」「話し方」の3つの要素に分けて説明をします（図表10-1）。

図表 10-1　プレゼン準備の３要素

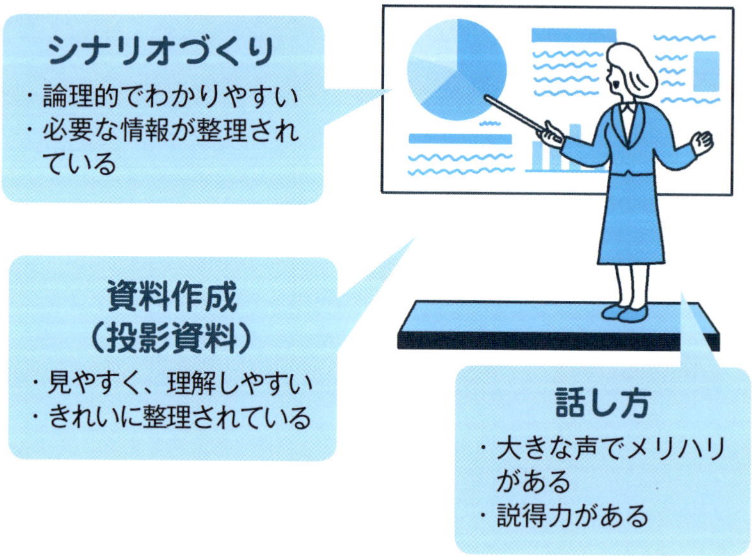
シナリオづくり
・論理的でわかりやすい
・必要な情報が整理されている
資料作成（投影資料）
・見やすく、理解しやすい
・きれいに整理されている
話し方
・大きな声でメリハリがある
・説得力がある

シナリオがわかりにくいことがよくあります。まずは流れを押さえましょう。

プレゼンに関する参考情報：「しまった〜情報活用スキルアップ」（http://www.nhk.or.jp/sougou/shimatta/?das_id=D0005180231_00000、アクセス2018年12月1日）

2 シナリオを作成する

プレゼンで重要なのがシナリオです。聞き手にとって、論理的でわかりやすい流れを意識したいところです。この章のシナリオ作成では、

1つの例として「概要・背景」「課題」「情報収集」「課題の整理」「企画」「実践」「まとめ」という流れでシナリオをつくります。

付せんを使った整理方法は、シナリオづくりの際にも使えるんだよ。

1 シナリオの流れ

プレゼンのシナリオの流れは図表 10-2 のとおりです。

図表 10-2　シナリオの流れ

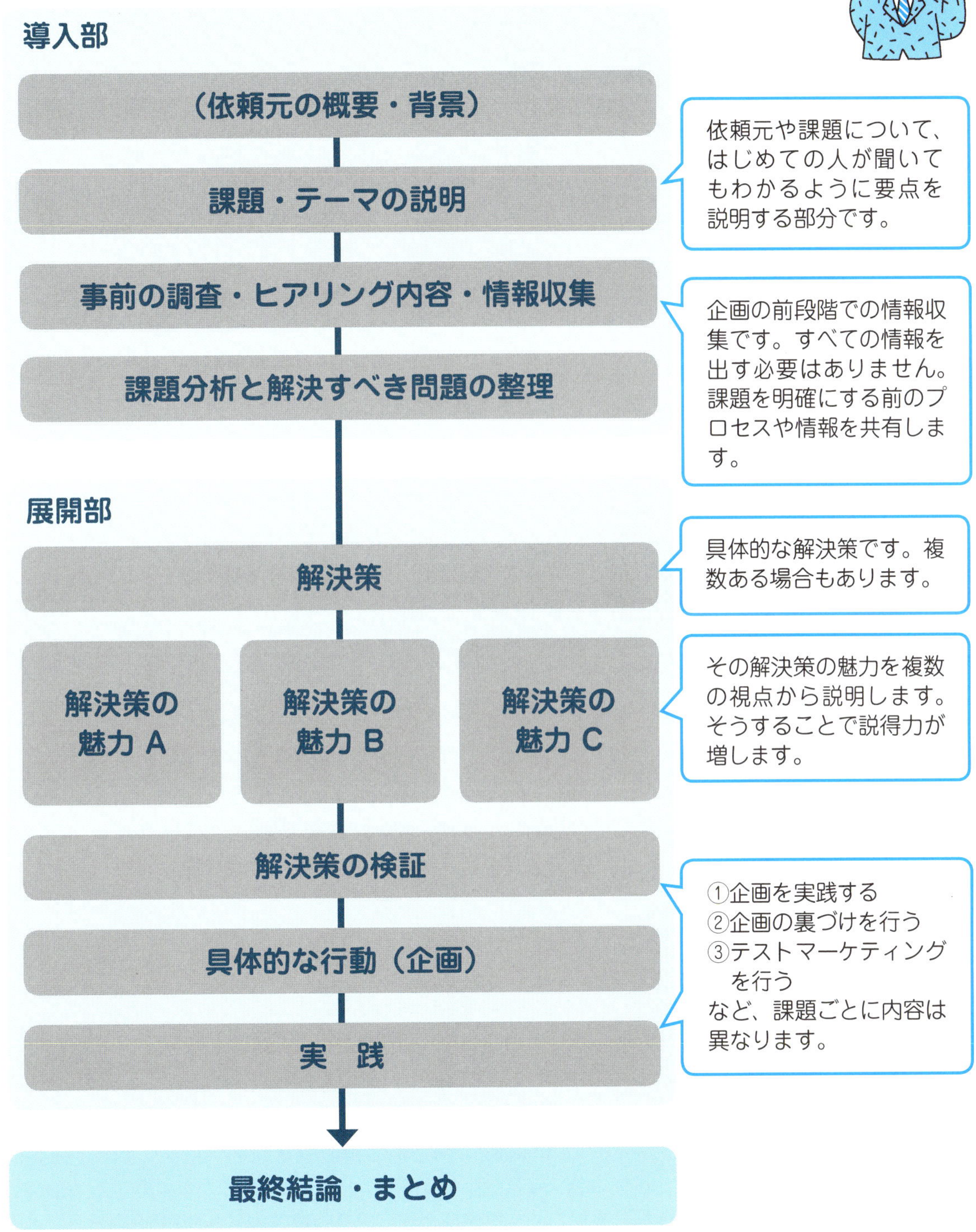
導入部
（依頼元の概要・背景）
課題・テーマの説明
事前の調査・ヒアリング内容・情報収集
課題分析と解決すべき問題の整理
依頼元や課題について、はじめての人が聞いてもわかるように要点を説明する部分です。
企画の前段階での情報収集です。すべての情報を出す必要はありません。課題を明確にする前のプロセスや情報を共有します。
展開部
解決策
解決策の魅力 A
解決策の魅力 B
解決策の魅力 C
解決策の検証
具体的な行動（企画）
実　践
具体的な解決策です。複数ある場合もあります。
その解決策の魅力を複数の視点から説明します。そうすることで説得力が増します。
①企画を実践する
②企画の裏づけを行う
③テストマーケティングを行う
など、課題ごとに内容は異なります。
最終結論・まとめ

2 課題の発見から分析まで：導入部

最初に導入部分のシナリオを作成します。ここでは、自分たちが今回の課題をどのように理解し、整理しているか伝えるようにしましょう。依頼元の担当者にプレゼンすることもありますが、他部署の人が聞きに来るケースもありますし、外部に発表することもあります。そのため、相手が知らないという前提でシナリオを作成します。

①依頼元情報

依頼元の企業や団体の特徴を相手に伝えるために整理します。大切なのは、解決策につながる情報に絞って提示することです。

例1）◯◯という商品の新しい可能性を考えてほしい

→企業全体の説明というよりも、商品の特徴や魅力の説明が必要です。他との比較などがあるとさらによいでしょう。

例2）企業の魅力を大学生に伝えたい！

→現状で発信されている依頼元企業の魅力を説明します。現状があるから、チームで調べた企業の魅力と対比ができ、プレゼンの魅力が増します。

「会社概要」をただ読むのではなく、説明することが大切です。

②課題の説明

課題を整理します。解決のゴールは必ず伝えましょう。「何ができたら解決なのか？」ということを共有することが大切です。たとえば、次の例でも企業の課題は同じですが、掘り下げていくと目標が違うことがわかります。

例1）課題：商品開発をしてほしい

企業Aの目標：開発のアイデアを10以上出してほしい。

企業Bの目標：実現可能な商品を一緒に開発したい。

企業Cの目標：実際に開発してみて評判などを確かめたい。

例2）課題：会社のことを知ってほしい

企業Aの目標：知ってもらうための方法を考えてほしい。

企業Bの目標：注目を集める「企画」を考えてほしい。

企業Cの目標：実際に、学生にSNSなどを使って告知してほしい。

集めた情報をすべて使う必要はありません。ときには「捨てる」勇気も必要なんだよ！

③事前調査・情報収集したこと＋解決すべき問題

課題を受けて調査した「現状確認したこと」について伝えます。たとえば、「若者に車を広めたい」のであれば、全国の若者の車の利用状況といった身のまわりの大学生に聞いたアンケートデータ、企業にヒアリングした情報などを整理して伝えます。調べたことを羅列するのではなく、解決策につながる情報について伝えることが大切です。最後に、情報を整理して、浮かび上がってきた解決すべき問題を共有します。

3 解決策の提案から実践まで：展開部

解決策の提案には、結論（What）、理由（Why）、手段（How）の3つの情報を含めます。これをコンプリートメッセージ（プロフェッショナル・プレゼンテーション）といいます（図表 10-3）。

図表 10-3　コンプリートメッセージ

What（結論）　結論：「今回の解決策は何をするか？」
→何を提案するのかを最初に伝えなければ相手にはわかりにくい。

↓

Why（理由）　理由：「なぜ、その解決策が魅力か？」
→魅力を伝えることで、説得力が増す。

↓

How（方法）　方法：「どうすればよいか？」
→具体的な実践方法を提示することで、実践可能な解決策となる。

結論はシンプルであることが大切です。コンセプトやサブタイトルだけでは伝わりません。

①「What」……結論を明確に伝える

「What」は結論といえます。提案する解決策が何かを明確に伝えます。メッセージはシンプルでわかりやすい言葉が理想です。失敗例にあるように、コンセプトだけだと聞いている人はわかりません。

課題：痩せるにはどうしたらよいか？
成功例：「私たちの解決策は、○○理論を取り入れた1日5分ダイエットです」
→具体的でわかりやすい
失敗例：「“笑って楽しく”です」
→コンセプトだけでは、何をするのかわからない

②「Why」……解決策の魅力を伝え説得力が増すように

その解決策を提案する理由を伝えます。魅力や提案に至った背景と考えてもいいかもしれません。解決策に興味をもってもらうためには、その解決策の魅力を伝える必要があります。

巻末114頁にシナリオの作成見本を掲載しているよ。

③「How」……具体性を伝える

具体的な行動計画を伝えます。よいアイデアでも実現性のないアイデアは魅力的ではありません。伝えるときには、「いつ」「どこで」「誰が」といった5W1H を意識してみましょう。

実践まで行った場合は、実践の結果をここで伝えることになります。

ワーク

シナリオ整理シート

①依頼元の特徴や取り組んでいることの説明

②課題・テーマの説明

③課題・テーマのあるべき姿（目標）

④現状（情報収集したこと・調べたこと）

⑤現状と目標のギャップからわかる解決すべき「問題」は?

⑥ What そのための解決策は?

⑦ Why 解決策の魅力（1）

⑦ Why 解決策の魅力（2）

⑦ Why 解決策の魅力（3）

⑧ How 具体的な方法、すでに実践している場合は実践例

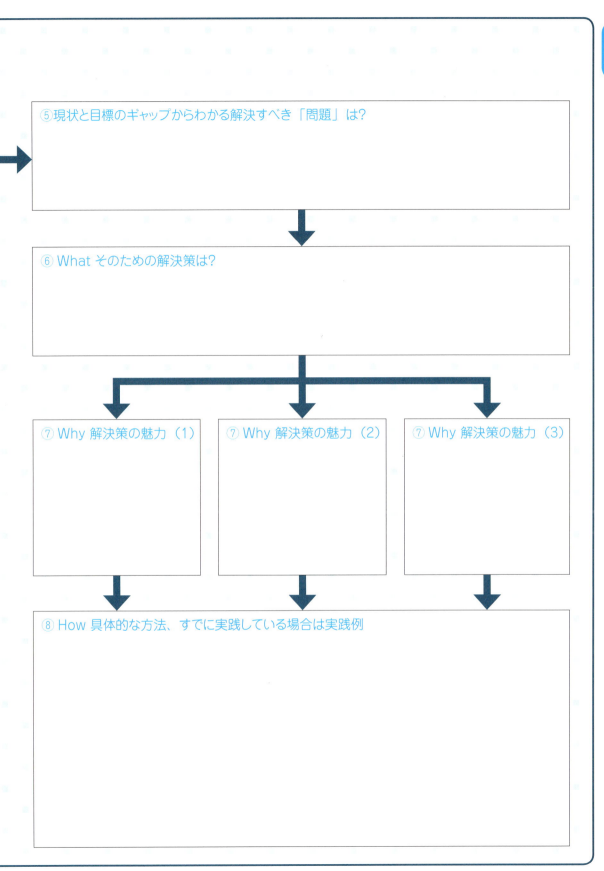

3 資料作成

1 資料作成の基本

シナリオが完成したら、プレゼンのための資料作成をします。

まずは、資料の統一デザインと記入ルールを決めましょう。

頁ごとにレイアウトが異なると、見る人はどこから見てよいかわからずに混乱します。

最近はアプリケーションの中にいくつかのデザインパターンが入っていますので、そちらを使う形で構いません。パワーポイントを使う場合、視線は上から下に進みます。「視線の動き」を意識しながら作成すると、よりわかりやすくなります（図表 10-4）。

ほかの人の資料を見ると、視線の大事さがわかりますよ。

図表 10-4　パワーポイントでの資料作成例

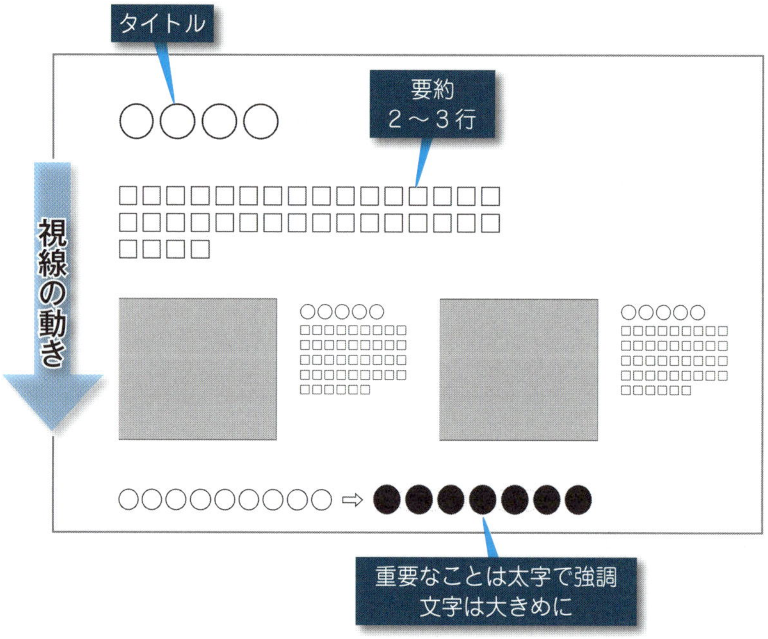
タイトル
要約
2～3行
視線の動き
重要なことは太字で強調
文字は大きめに

①タイトルを入れる

タイトル（見出し）は、その頁で何を言いたいのかを意識して考えます。

②文字は大きめに

１頁の情報量が多すぎると、聞いている人は読みきれません。情報は絞り、文字は大きめにしましょう。

③強調

重要なところや強調したいところは文字を太くしたり囲むことで視線を集めることができます。ただし、１頁内で何度も強調をしてしまうと、見る側は混乱するので逆効果です。

2 表やグラフを使うとき

統計データなどを引用する場合は、自分たちが伝えたい内容に合わせてグラフをつくり直した方がよいでしょう。元データに不要な情報があることもあれば、文字が小さく投影資料ではわかりづらいこともあるからです。手間はかかりますが、自分たちが見せたい形にまとめ直すと、図表として見やすくなります（図表10-5）。

図表10-5　データ加工例

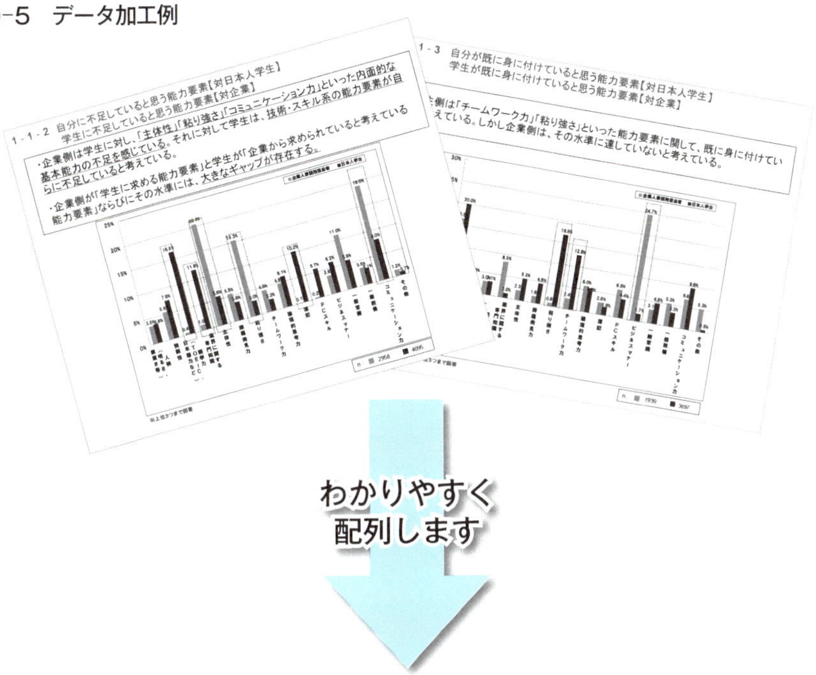

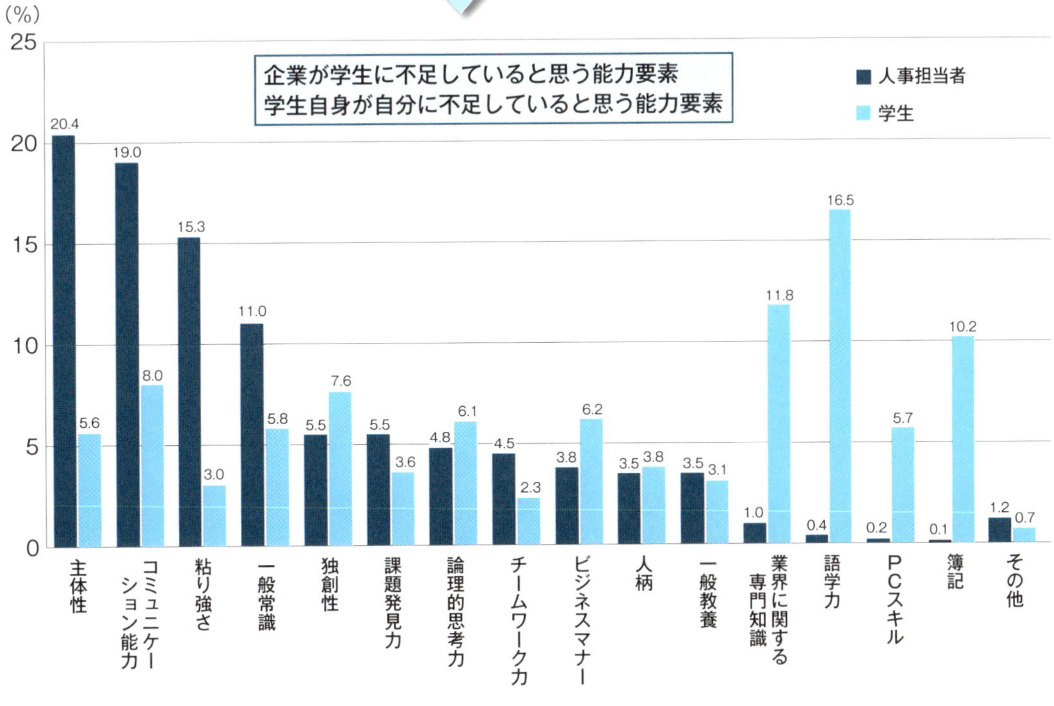

出典：経済産業省「大学生の『社会人観』の把握と『社会人基礎力』の認知度向上実証に関する調査」2010年をもとに作成。

4 ミニテクニック

1 余白を上手に活用する

プレゼン資料は、余白の使い方も重要です。短時間で読める情報量は多くないので、1頁の情報量を絞りましょう。実際に黙読して、何秒ぐらいかかるかを計測してみるのもよいでしょう。情報量を絞り、余白を上手につくることで、見やすい資料になります。上下左右のスペースや行間など、見やすいと思う幅を調整してみましょう（図表10-6）。

図表 10-6　余白を生かす例

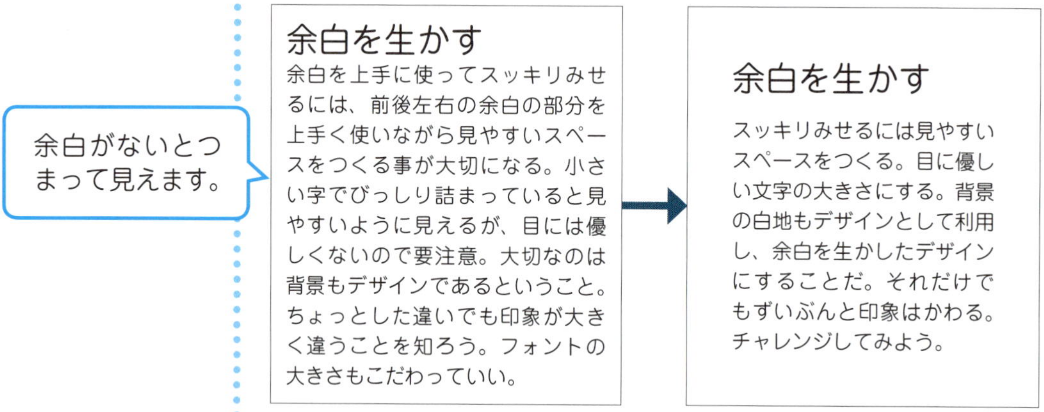
余白がないとつまって見えます。
余白を生かす
余白を上手に使ってスッキリみせるには、前後左右の余白の部分を上手く使いながら見やすいスペースをつくる事が大切になる。小さい字でびっしり詰まっていると見やすいように見えるが、目には優しくないので要注意。大切なのは背景もデザインであるということ。ちょっとした違いでも印象が大きく違うことを知ろう。フォントの大きさもこだわっていい。
余白を生かす
スッキリみせるには見やすいスペースをつくる。目に優しい文字の大きさにする。背景の白地もデザインとして利用し、余白を生かしたデザインにすることだ。それだけでもずいぶんと印象はかわる。チャレンジしてみよう。

2 情報にメリハリをつける

情報にメリハリをつけましょう。1枚の中にあれもこれも入れようとすると、相手にはわかりにくい資料になります。「この頁で言いたいことはこれ！」というものを絞り込んで強調してみましょう（図表10-7）。

図表 10-7　メリハリをつける例

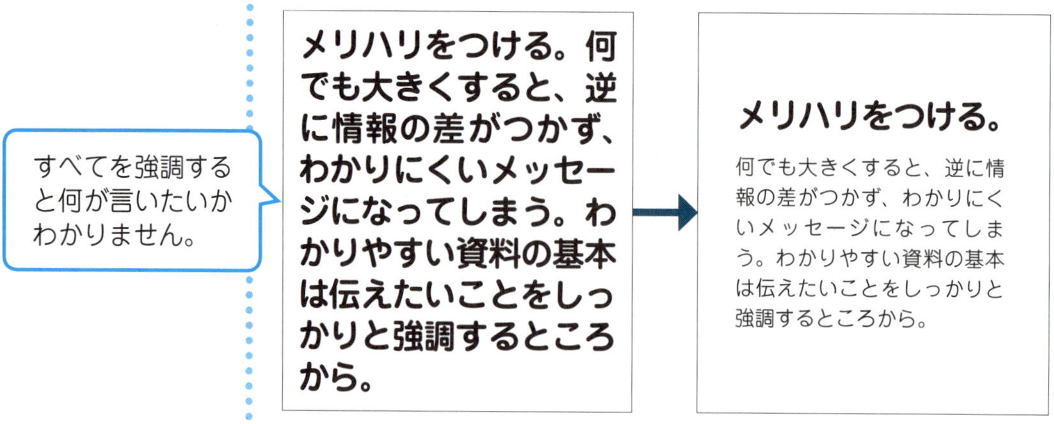
すべてを強調すると何が言いたいかわかりません。
メリハリをつける。何でも大きくすると、逆に情報の差がつかず、わかりにくいメッセージになってしまう。わかりやすい資料の基本は伝えたいことをしっかりと強調するところから。
メリハリをつける。
何でも大きくすると、逆に情報の差がつかず、わかりにくいメッセージになってしまう。わかりやすい資料の基本は伝えたいことをしっかりと強調するところから。

3 図や文章の位置を揃える

配置する図や文章などの開始位置を揃えます。きれいに見える資料の多くは、見えない補助線を何本か引いています。見出しの開始位置は揃え、文章ごとのかたまりをつくると、読みやすい資料になります（図表 10-8）。

図表 10-8　図や文章の位置を揃える例

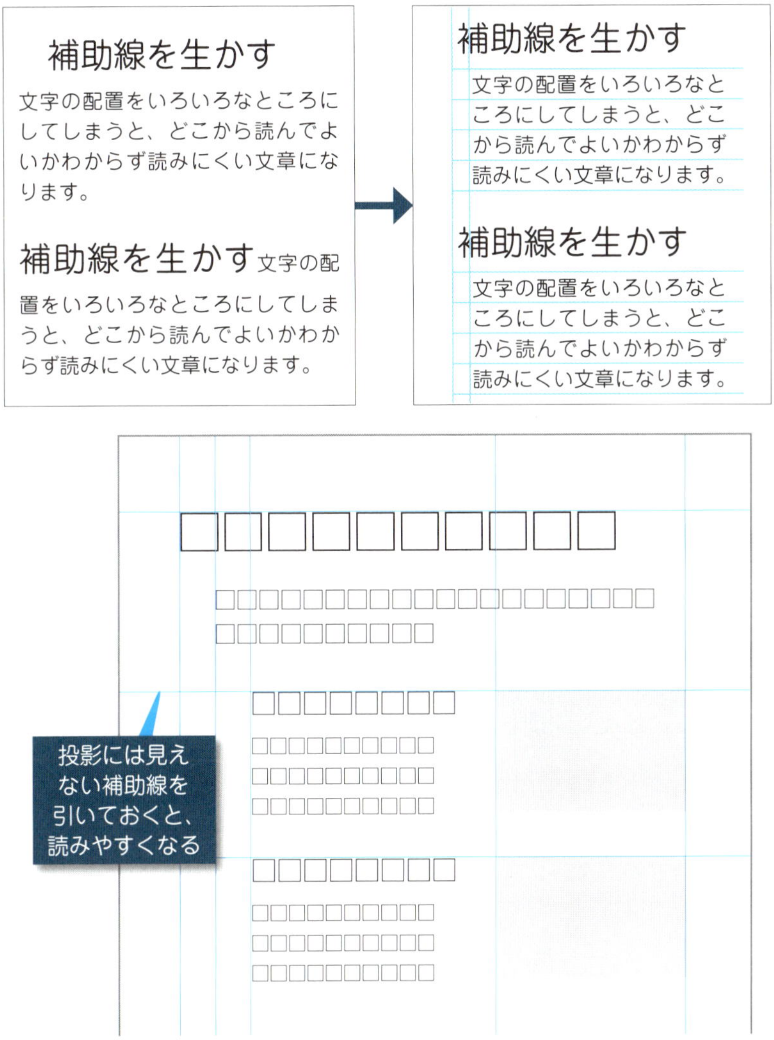

4 アイテム（小道具）を活用する

実際のプレゼンでは、試作品（サンプル）を作成したり、注目を集めるための指し棒を使用したりするグループもあります。プレゼンだけでは伝わりにくい提案の場合、そうしたアイテム（小道具）を活用するのも方法の1つでしょう。

ワーク

資料のイメージを作成してみよう

考えたシナリオをもとに、各頁のデザインや内容を考えていきましょう。また、それぞれの頁では何を言いたいのか整理していきましょう。

①タイトル	②依頼元の特徴や取り組んでいること
この頁で一番言いたいことは？	この頁で一番言いたいことは？

③課題・テーマの説明	④現状（1）
この頁で一番言いたいことは？	この頁で一番言いたいことは？

⑤現状（2）	⑥現状（3）
この頁で一番言いたいことは？	この頁で一番言いたいことは？

⑦解決すべき「問題」は？

この頁で一番言いたいことは？

⑧解決策

この頁で一番言いたいことは？

⑨解決策の魅力

この頁で一番言いたいことは？

⑩解決策の具体的な方法

この頁で一番言いたいことは？

⑪解決策の検証や実践

この頁で一番言いたいことは？

⑫まとめ

この頁で一番言いたいことは？

5 話し方

1 視覚や聴覚にもアピールする

上手な話し方のポイントは、話す内容だけでなく、視覚や聴覚などの五感に訴えるアピールをすることです。まずは下の２枚のイラストを見比べてください。

どうでしょうか？　同じセリフを言っていますが、左右のイラストで印象が違って見えると思います。このように人は同じセリフや内容を言っていても、話すときの表情や姿勢によって受け取る印象が違います。

緊張すると棒読みになりがちなので、普段に近い話し方を意識しましょう。

2 好印象を与える「３つの意識」

①話すスピードと間を意識する

話すときは、スピードにメリハリをつけたり、間を意識しましょう。上手に話そうと考える必要はありません。日常の会話をイメージしてリラックスして話します。

②目線を意識する

聞いている人を意識して、目を見て話せるように意識しましょう。目線が合うことで、聞いている人に好印象を与えることができます。会場に多くの人がいる場合は、全体をゆっくりと見渡すように話をします。奥からジグザグに視線を移す形でも構いません。

③表情を意識する

話している内容に合わせて表情を変化させましょう。特に笑顔には相手をリラックスさせる効果もあります。表情はできるだけ笑顔を意識しましょう。身振りや手ぶりなどのボディランゲージをいれながら全身で感情を表現するとさらに説得力のあるプレゼンテーションができるようになります。

3 相手の立場で論理的に話す

最終的に大切なことは、相手（聞く側）のことを考えた内容かどうかです。みなさんがわかっていることを、相手がわかっているとは限りません。また、聞き手が常に興味をもって聞いてくれるとも限りません。聞く側がわかりやすく、聞きたいと思う内容を意識しましょう。

ここで「What」「Why」「How」を意識しよう。

①結論から話す

プレゼンテーションは、結論から話すようにしましょう。全体のストーリーだけでなく、１つひとつのスライドについても同様です。最初に、何が言いたいか結論を伝えることで、相手がそのあとの話を理解しやすくなります（図表 10-9）。

②結論に対して理由を伝える

結論を伝えた後は、「なぜそう考えたのか」という理由（根拠）をしっかりと伝えます。主張の根拠を、客観的に説明します。自分の考えに対する根拠を複数話すと説得力のある話になります（図表 10-9）。

③一文を短く、シンプルにする

一文はできるだけ短くシンプルにします。「～ですが、～」と言葉をつなぐことが多い人は要注意です。基本的には主語と述語の関係がわかりやすい話し方を意識します。

④不要な情報は思い切って削除する

あれもこれも盛り込みすぎて、逆に何を伝えたいのかわからなくなっているケースがよくみられます。不要な情報は思いきって削除しましょう。必要なデータは参考資料として配布資料に添付するとよいでしょう。

図表 10-9　話す順番

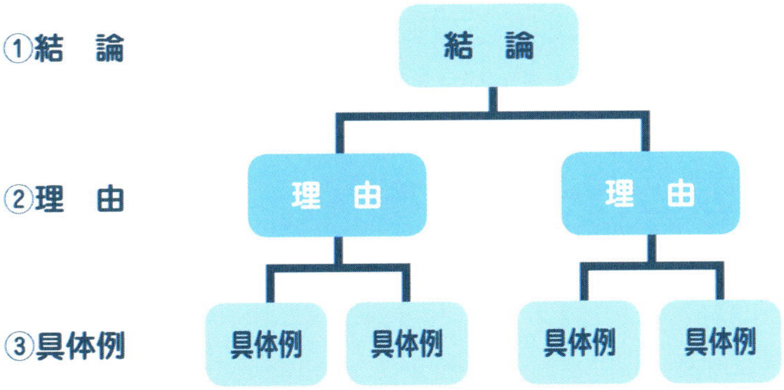
①結　論
②理　由
③具体例
結　論
理　由
理　由
具体例
具体例
具体例
具体例

第11章 リハーサル

この章で学ぶこと

最終プレゼンテーションの前にリハーサルと振り返りを行います。内容だけでなく、取り組み姿勢も振り返り、自身の成長についても考えましょう。

1 リハーサルと振り返りの3つのポイント

リハーサル（中間発表）の機会に振り返りたい3つのポイントについて説明をします。振り返りたい内容は、「プレゼン内容」「チームとしての取り組み姿勢」「個人の関わり方」の3点です（図表 11-1）。プレゼン内容についてはフィードバックをもらうことができますが、同時に振り返っておきたいのは自分たちのチームとしての取り組み姿勢や個人の関わり方です。

図表 11-1　振り返りのポイント

- プレゼン内容
- チームとしての取り組み姿勢
- 個人の関わり方

よい発表だけがゴールではありません、プロジェクトを通して成長することが大切なのです。

2 個人とチームの取り組み

プロジェクトの期間が長くなればなるほど関わり方にも差が出てきます。なかには、アルバイトや課外活動で忙しく、参加できないことや、チームの中心メンバーだけでものごとを決めてしまうこともあるでしょう。また、自分の関わり方はどうでしょうか。関わり方に正解はありませんが、不十分と感じたなら、今からでも関わり方を変えるべきです。チームには、リーダーシップを発揮する人もいれば、調べものをきっちりする人、資料の作成で才能を発揮する人、まとめ役になる人など、さまざまな役割を果たす人が必要です。自分がどの役割を担うべきか、もう一度考えてみましょう。

ワーク

個人とチームの取り組みを振り返る

振り返りはあなたを成長させます。取り組み結果を整理しましょう。ここではオーソドックスな振り返りの手法である、KPT 法を紹介します。KPT 法は、「Keep：今後も続けていきたいこと」「Problem：今回はできなかったこと。問題点は何か？」「Try：次回に向けてチャレンジすること」に分けて記入する方法です。問題だけに注目するのではなく、できたことや、次に向けての改善も書き出すのがポイントです。個人として、チームとしての2つの軸で振り返りましょう。

①各自で振り返る。
②振り返った内容を付せんに書き出す（ここからはじめても構いません）。
③全員の意見を集める。「Keep」「Problem」「Try」に分けて、振り返りを行う。

① Keep：今後も続けていきたいこと

② Problem：今回はできなかったこと、問題点を感じたこと

③ Try：次回に向けてチャレンジすること

問題ばかりを見ずに、できたこと、次へのチャレンジにも目を向けましょう。

ワーク

プレゼンテーション評価シート

ほかのチームのプレゼンテーションを聞いて、参考になる部分やよいと思うところをチェックしましょう。

No.	チーム名	発表を見て魅力的だと感じる部分
1		
2		
3		
4		
5		
6		
7		
8		
9		
10		

自分たちのグループの発表に取り入れたいこと

ワーク

プレゼンテーションの改善

プレゼンテーションの報告内容について、改善点を洗い出しましょう。

論理性	・「依頼元の特徴」「課題について」「情報収集したこと」「企画（解決策）」「企画実践と検証」が整理され提示されているか？（企画のみの場合も、企画の実現性に検証がなされているか？） ・流れとしてストーリーがつながっているか？ ・「課題」に適した「解決策（主張）」になっているか？　その解決策の魅力やそこに至った背景が明確か？	
	□	その業界の特徴が簡潔にわかりやすく説明されている
	□	課題がわかりやすく整理されている
	□	×課題を誤解して、独自の解釈で進めている
	□	×複数の課題が混在する状態で進めている→すべての解決策を提示していれば○
	□	情報収集の目的と、そこからわかったことについて説明をしている
	□	×情報を整理する際に、主観と事実が混在している
	□	企画は課題を解決するための手段になっている
	□	企画の魅力が説明されている
	□	実践を前提とした企画になっている
	□	調査や解決策に対して「根拠」がある
	□	必要な項目がすべて入っている。ストーリーがつながっている
情報収集力・活用力	情報収集は、「依頼元に対して」「課題に対して」「企画に対して」と3つの場面で確認します。 「依頼元に対して」……依頼元や業界の特徴を調べて整理できているか？ 「課題に対して」……課題に対してどんな解決事例があるか？　企業がどんな取り組みをしているのか？　課題の本質の掘り下げがされているか？ 「企画に対して」……提案した企画が既出ではないか？　理屈だけではなく現実的に実現可能か？　といった必要な情報収集がなされているか？	
	□	×定量と定性が混在しており、根拠のないデータの提示になっている
	□	企業に対して適切なヒアリングを行っている
	□	インターネットだけに頼らず、ヒアリングや書籍などさまざまな情報源を活用している
	□	企業についての情報収集やヒアリングがなされている
	□	課題に関しての情報収集やヒアリングがなされている
	□	アイデアに対しての情報収集やヒアリングがなされている（既出ではない）
具体性	提案内容の5W1Hが提示されているかを確認します。 「なぜその提案なのか？」「いつ（どんなタイミング）」「どこで」「誰が」「何を」「どうするのか？」	
	□	なぜ……その提案になったのか、背景が語られている
	□	いつ……それを実施するか期限や解決までの時間、継続性が考慮されている
	□	どこで……実施に対して効果的な場所の視点が入っている（不要の場合もある）
	□	誰が……その場だけでなく、今後も企業が課題を解決していくものになっている
	□	何を……企画の目玉。結論が述べられている（×ネーミングは凝っているが何をするのかわからないもの）
	□	どうするのか……実施に向けた具体的な方法がわかる

✕……悪い例　※基準はあくまで参考です。

実現可能性	「課題解決の効果があるのか？」「解決に向けて、企業が予算・人など実現・継続可能か？」の 2 点をみます。企画のみの提案であっても、可能性を検証していれば問題ありません。	
	□	法令違反にならないアイデアである（著作物の二次利用など）
	□	解決に向けての効果をどれぐらい見込んでいるのか明示されている
	□	依頼元の特徴を生かした提案になっている
	□	依頼元にとってコスト的・ノウハウ的に実施が可能な提案である
	□	実現に向けた可能性を検証している
独創性	「課題は論理的に整理しているが、解決策は通常の解決策の枠組みを超えている」というのが理想です。	
	□	解決策の提案の背景がわかる（突飛ではない）
	□	✕思いついたアイデアありきの解決策になっている
	□	その解決策の独創性が説明されている
	□	解決策の独創性に対して、調査や検証がなされている
	□	過去にその企業が実施していない。もしくは既出のアイデアに独自性を足している
プレゼンテーション力	プレゼンテーションそのものに関しては、大きく気になったことを除き、優先度は下げて評価します。	
	□	聞き取りやすい声で話している
	□	強弱をつけて話している
	□	間を活用して話している
	□	表情が明るく前向き（話していない人も）
	□	アイテム（小道具）を使ってプレゼンテーションをしている
	□	役割分担を行ってプレゼンテーションをしている
	□	パワーポイントの色合いに統一感がある
	□	フォントなどの体裁は頁ごとに統一感がある
	□	アニメーションなどを効果的に使っている
	□	資料などを自分たちでつくり直している
	□	引用元を記載している
	□	どこに注目したらよいか視線の流れがわかりやすい
	□	資料が一定方向に整っている
	□	強調すべき部分など文字の大きさにメリハリがある

第12章 振り返り

この章で学ぶこと

最終プレゼンテーションを終えた後は、これまで取り組んできたプロジェクト全体の振り返りを行います。プレゼンの内容だけでなく、1人ひとりの目標達成度、学びや気づき、成長した点などを意見交換しながら検証しましょう。

1 スタート時の自分と比べてみる

まずは、第4章のワーク（→31頁）に記入した内容を参考にしながら、PBLをスタートさせたころを振り返ります。設問をもとに下記について、ほかのメンバーからも意見を聞きながら、振り返ってみましょう（図表12-1）。

・PBLに参加した意義は、今感じていることと比べてどうか
・発表した解決策や企画内容が、想定通りの成果をもたらすものだったか
・PBLを通して成長したいと思ったことは、実際どうだったか

振り返りをして、スタート時の自分の考えが至らなかった、甘かったと感じる人がいるかもしれません。それは考えや理解が深まったからであり、自分自身が成長している証です。成長したからこそ至らなさ、甘さに気づいたといえます。恥じることなく喜びましょう。

また、「あまりプロジェクトに参加できなかった」「学ぶことが少なかった」と思う人は、その悔しさを次の機会に生かしてください。実際はチームに貢献する意見や行動をとっていたかもしれません。同じチームのメンバーからもフィードバックをもらい、自分自身を見つめ直す機会にしましょう。

図表12-1　自分への振り返り

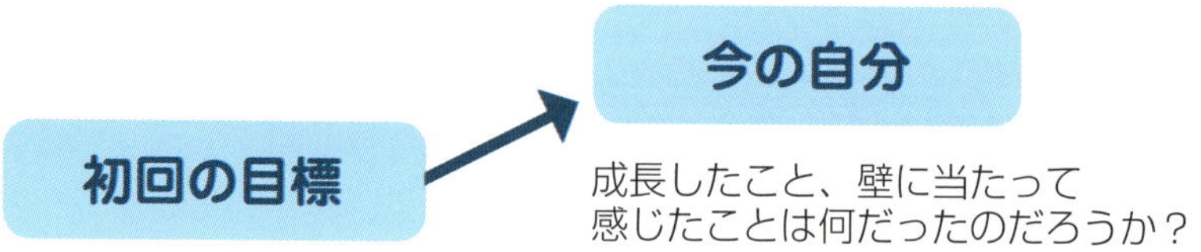
初回の目標
今の自分
成長したこと、壁に当たって
感じたことは何だったのだろうか？

2 未来に向けて計画する

PBL を通じて得た学びや気づきを生かし、未来に向けての次の目標行動を考えてみましょう（図表 12-2）。次はあなたが、「自分自身のための PBL」に挑むのです。

図表 12-2　自分自身のための PBL

これから社会で活躍する人材として成長するために、できることはたくさんあります。たとえば、次のようなことです。

- 自分自身の強みや武器といえるような長所を伸ばす
- コミュニケーションが下手などの苦手意識を克服する
- 新しい武器になる力を身につける

それだけではありません。学生時代に自分がやりたい、挑戦したいと思っていることを、実行してみるのもいいでしょう。もし、課題にぶつかったら、今回学んだ PBL の方法を思い出してみてください。みなさんにとって、一歩を踏み出すきっかけになっていたら幸いです。

次の頁には振り返りのヒントになるワークを用意しました。自分の振り返りと同時にチームへの感謝の気持ちや応援のメッセージも伝えましょう。

ワーク

個人の振り返り

これまでのPBLを通して気づいたことをあなたの言葉にしてみてください。

PBLを通して気づいたこと、発見したこと

PBLを通して成長したと思うこと、努力したいこと

今の気持ちを一言で

自分の能力を伸ばすために、今後チャレンジしたいこと、やってみたいこと

ワーク

フィードバック

メンバーからコメントをもらいましょう。

あなたから 皆さんへ	
より あなたへ	
より あなたへ	
より あなたへ	
より あなたへ	
より あなたへ	

番外編1

チームづくり

この章で学ぶこと

プロジェクトを推進するためのチームづくりを行います。知らない人同士がチームを組んで連携することも少なくありません。だからこそチームづくりと運営のための協力がとても重要になります。

1 チームづくりの意義

社会の課題に取り組むときに、1人で解決できることは多くありません。みなさんがこれから歩む社会では、企業や地域などの団体に属しながら、知らない人同士でチームをつくり、取り組みを進める機会が多くなります。PBL の多くは、長期間の取り組みです。チームを構成する仲間と協力する姿勢や気遣い、人間関係の構築がとても大切になります。お互いのことをよく理解し、それぞれがもつ強みを生かし、弱みを補い合うことができれば、難しい課題も乗り越えることができます。

人が集まればチームになれるかというとそうではありません。これまで異なった環境や考え方のなかで生きてきた人たちが顔を合わせてプロジェクトに取り組むことで、さまざまな軋轢《あつれき》が生じたり、不和が生まれることもあります。実際、プロジェクトを進める過程では、頑張る人が孤立する、メンバーがバラバラに動いてしまうなど、チームが空中分解する事例が多くありました。そうならないために、プロジェクトの最初にお互いのことを知り、メンバー同士の人間関係を深めておくことが大切になります。

2 チームづくりの方法（グループワーク）

チームづくりに有効な方法としては、グループワークがあります。ワークを通して、自然な形でコミュニケーションをとったり、自分の役割を見つけたりすることができるからです。ここでは、自己紹介や共通点探しといった、コミュニケーションを中心としたチームづくりのワークを用意しています。

ワーク

自己紹介の準備をしよう！

チームづくりでは、相手に自分の情報を伝えることが大切です。自分の情報を伝えることで、外見だけではない、性格や考え方、好みなどを知ってもらうことになるからです。大事なことは、話すだけでなく、相手の自己紹介にも興味をもち、相手への理解を深めることです。相互理解が深まることで、チームとしての団結力が高まります。

あなたが好きなもの・嫌いなものは？

どんな性格？

熱中していることや力を入れていることは？

このチームでの意気込みは？

違う個性を
生かすから
チームになる

ワーク

チームの相互理解を深める

自分のことを話すだけでなく、相手のことも知りましょう。

メモ：チームメンバーの自己紹介

メンバーとの共通点を探そう　ヒント：メガネ、好きな動物、ネコ派？　犬派？

人間関係においては、多くの人が相手との共通点を感じるたびに、近しい距離にあるとの印象をもちます。このワークはシンプルにお互いの共通点を探します（５～１０分）。たくさんの情報をあげた人ほど「共通点がある」と感じる人も多くなり、より多くの人とコミュニケーションがとれるようになります。

ワーク

チームのリーダーとルールを決める

お互いのことがわかってきたら、チーム内のリーダーを決めましょう。失敗することを恐れる必要はありません。せっかくの機会なので、立候補するなど主体的に挑戦してみてください。

メモ：リーダーや役割分担

「リーダーだからえらい」というような立場の上下はありません。役割の違いだということを覚えておきましょう！

チーム内での約束事を決めておきましょう。「連絡事項」「病気のとき」「部活動やサークルなどの課外活動で休むとき」などです。人によって考え方は違います。お互いの意見をすり合わせておきましょう。

メモ：チーム間のルール

どんなチームでも、構成する 1 人ひとりに役割があるものです。そうした役割も、相手の情報を知ることでイメージできたり、考えたりすることができます。こうした相手についての気づきは、今後もコミュニケーションを深めていくなかで見えてくるものですから、そのたびに相手と自分の役割を考えながら、より高いレベルでのプロジェクト進行につなげていきましょう。

番外編2
依頼元を訪問する際のマナー

この章で学ぶこと

依頼元を訪問する際の最低限のマナーについて学びましょう。依頼元へのヒアリングはほとんどのプロジェクトで経験することです。大切なことは相手への配慮です。「自分は学生」という意識を変えて、社会人としてのビジネスマナーを意識しましょう。

1 基本は気持ちのスイッチから

1 学生から社会人に意識を切り替える

最初に意識したいのは気持ちの切り替えです。どこかで甘えがあると、訪問した際、気づかないうちに出てしまいます。ときにはあなたの振る舞いで、学校全体がマイナス評価されてしまうこともあります。マナーが完璧である必要はありません。1人の大人として自立した考えをもっていることが大切です。自分のスイッチを切り替えるところからスタートしましょう。

面と向かって叱られることはまれです。知らない間に相手に失礼な行動をとっていることがあります。だからこそ緊張感をもって臨む必要があります。

2 意識したい3つのポイント

最低限、意識したいことは3つあります。

①時間を守ること
②失敗を恐れずにトライすること
③ミスをしたら素直に謝罪すること

時間を守ることは、社会において重要なルールの1つです。企業の担当者は、ほかの業務も抱えながら、貴重な時間を使って質問を受けたり、発表を聞いたりします。だからこそ時間の約束を守ることは当然であり、個別の課題や提出物は、必ず期限内に提出するようにしましょう。

失敗を恐れないということも、プロジェクトを進めるうえでは重要です。いろいろなアイデアを出し、それらを実践すれば、質の高い企画や解決策が生まれることもあります。逆に遠慮して自分の意見を言わないことは、配慮があるとはいえません。

プロジェクトを進めるなかでミスをしてしまい、チームメンバーや依頼元に迷惑をかけることがあるかもしれません。そうしたときには、素直に謝罪するという姿勢が大事です。まずは謝るのがビジネスマナーです。

また、重要なマナー違反として気をつけたいのが、情報を漏らすことです。特に企業がもつ個人情報や商品・サービスに関する情報、社内の情報などについては、家族や友達も含めて口外してはいけません。電車内、帰宅途中の会話には特に注意しましょう。

細かいマナーは、企業ごとに異なります。判断に迷ったら、まずは確認してみましょう。

避けたい8つの行動

1. 人との約束を守らない
2. すぐ言い訳をする
3. 自分は受け身で、相手に要求ばかりする
4. できないとすぐに投げ出す
5. ありがとうが言えない
6. 厳しいことを言われると、やる気をなくす
7. 敬意をもたず、失礼な言動が多い
8. 失敗の理由を分析せず、自分ではなく外部の責任にする

〈実際にあった失敗談〉

・約束の時間に集合する際、連絡することなく遅れた。なぜ遅れたのか聞かれると、遅延証明書を見せて、「電車が遅れました」と伝えた。
　→どんな理由にせよ、遅れた事実に変わりはありません。事前連絡が必要なのはもちろんのこと、まずは謝罪が必要です。

・自分のSNSに会社内の写真をアップした。
　→自分以外に、働いている人や社内の機密情報が写り込んでいる場合もあります。写真の取り扱いには十分に注意しましょう。

・ヒアリング後日、聞きそびれたことをメールで質問した。すぐに返事をもらえたので、メールの返信はしなかった。
　→送った質問メールに返事をもらったら、簡単でよいので折り返しお礼のメールを送りましょう。

2 名刺の受け取り方

企業担当者へのヒアリングを行う際に、相手から名刺を受け取ることがよくあります。多くの人は自分の名刺をもっていないため、相手の名刺を受け取るのみですが、こうした場面での基本マナーは押さえておきたいものです。以下に、名刺の受け取り方のマナーを説明します。

ときどき座ったまま受け取っている人がいますよ。これはNGです。

〈名刺の受け取り方の順序〉

①名刺を差し出されたら、テーブル越しではなく相手の近くへ行き、「頂戴《ちょうだい》します」と言い、両手で受け取る。
②ヒアリングやインタビューを実施している間は、いただいた名刺をテーブル上に置いておく。
③実施後はいただいた名刺が折れ曲がらないよう、名刺入れや手帳にはさんで持ち帰る。

〈注意点〉

・机越しに名刺を受け取らない。
・もらった名刺はすぐにしまわず、机の上に並べる。担当者の名前を覚えられるよう、座っている順に並べるとよい。

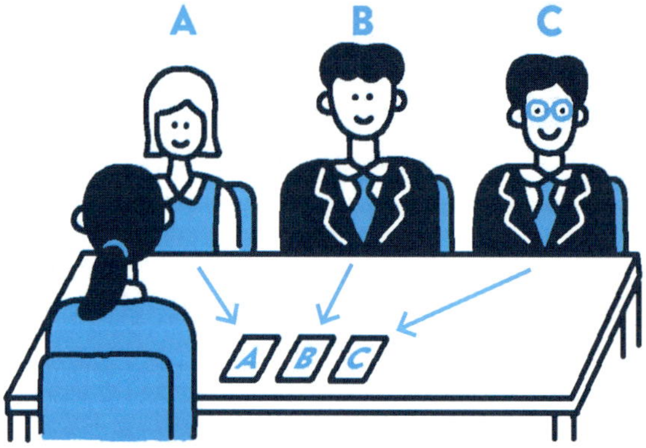

また、相手が話しはじめたらメモを取る、何か撮影したいものがあれば相手の承諾を得てから撮影するといったマナーも身につけておきましょう。些細な行動と思いがちですが、企業担当者はこうした点の所作《しょさ》も見ているものです。意識しておきましょう。

3 電話のかけ方

次に、電話のかけ方のポイントを説明します。

〈電話をする前にチェック〉

・静かなところでかける。
・電話時はメモを準備をする（メモ帳、スケジュール帳、ペン）
・電話をする目的、話す必要のある項目を事前に整理しておく。
・敬語で話す。

〈電話中の注意点〉

・話したい人が出たら自分の名前を名乗り、用件を伝える。
「○○大学のの○○です。～の件でお電話しました。
今よろしいでしょうか」と相手の都合を尋ねる。
・聞き間違いがないように、電話での決定事項を確認し、復唱する。

4 メールやお礼状について

ヒアリングやインタビューにおいて、企業担当者は貴重な時間を使っています。それに対しての感謝を伝えるために、訪問後はお礼のメールやお礼状を送るようにしましょう。

メールを送るときは、なるべく大学などが学生に付与したメールアドレスを使用します。

また、よくある失敗例として、大学などが用意した御礼のテンプレート文をそのまま使用するということがあります。この場合、チームの仲間が同じテンプレート文で御礼を送ってしまう可能性があります。自分の言葉で伝えることが重要です。文面には、「自分が感じたこと」、「考えたこと」などを折り込みながら、感謝の意を伝えるようにします。そのためにもメモを取ることが重要になってきます。

お礼のメールを送るタイミングとしては、実施後 24 時間以内がビジネスマナーとして望ましいでしょう。万一、24 時間が過ぎてしまった場合は「大変遅くなりました」といった謝罪を伝える文章も添えるようにします。また、相手から返信があった場合は、「ご返信ありがとうございます」「拝見しました」といった言葉を盛り込んだ文面で、さらに返信しておくとよいでしょう。お礼状を郵送する場合も同様に、実施後、すみやかに発送しましょう。

ワーク

企業の担当者にメールを書いてみよう

宛先：abcd@xxxx.co.jp
件名：○月○日　課題に関する質問

> 件名は具体的に簡潔に書く。

本文：
株式会社○○
◇◇◇◇様

> 冒頭には宛名を必ず入れる。
> 名前がわからないときは、
> 「○○ご担当者様」とする。

□□大学３年の○○ ○○です。
先日は貴重な機会をいただき、
ありがとうございました。
課題に関して、質問がありご連絡いたしました。

> 挨拶からはじめる。
> 大学名とフルネームを入れる。

可能でしたらご回答いただけますでしょうか。
質問したいことは３つあります。
・○○○○
・○○○○
・○○○○

> 用件は簡潔に。
> お礼の場合などは、
> その日に感じたことを
> 自分の言葉で書く。

情報を収集していくと知らないこともたくさんあり、
とても刺激になります。面白い企画が提案できるよう
努力していきたいと思います。

お忙しいかと存じますが、
お手すきのときにご返信いただけましたら幸いです。
何卒よろしくお願いいたします。

> 結びの挨拶を入れる。

□□大学　△△学部△△学科
○○　○○
住所：○○県○○市・・・
TEL：090-1234-5678
Mail：abcd@xxxx.ac.jp

> 署名を忘れずに。
> メールアドレスはできれば学校のものを使う。

巻末資料

❶ワークの記入例
❷プレゼン資料の例
❸取り組み事例集

巻末資料として、第2部ワークの記入例、シナリオの見本、取り組み事例集を掲載します。実際にPBLを進めて、わからないことがあったときに参照してみましょう。

①ワークの記入例

◆9頁ワークの記入例

ワーク

PBLで身につけたい能力とその理由を列挙してみましょう。

身につけたい能力	理　由
（例）自己理解力	自分がどのように人の役に立つのか知りたいから
責任感	人任せにすることが多いので。
企画力	将来企画の仕事をしたいので。
発信力	自分の意見を伝えるのが苦手なので。

◆11頁ワークの記入例

ワーク

「過去20年のうちに少なくなった仕事」「この先20年のうちに減りそうな仕事」「その特徴」をあげてみよう。

少なくなった仕事	減りそうな仕事	その特徴
・電話オペレーター（案内） ・印刷業 ・一般事務 ・製造補助 ・内職	・レジ係 ・運転手 ・経理事務 ・受付業務 ・窓口業務	・専任の人がいなくても操作が容易なもの。 ・機械化、自動化されているもの。 ・パソコンソフトが発達したもの。 ・くり返し作業するもの。

◆17頁ワークの記入例

ワーク

今まで、身のまわりの課題を解決するために、自分から勉強したことや調べたことをあげてみましょう。普段の教科書中心の勉強と比べてどんな違いを感じましたか？
（例：最新のスマホアプリの使い方がわからなかったので検索して調べたなど）

課　題	何をどうやって調べたか（勉強したか）	感じたこと
Excel でデータをつくるための計算式と使い方を知りたい。	Excel のヘルプ、インターネットを検索して調べた。	自分から探すので、どれが信用できる情報か見きわめるのが難しい。
ビジネス文書の書き方を学びたい。	ビジネス文書講座の通信教育を受けた。	どこまで学べば使いこなせるかゴールがわかりにくい。
夕飯のメニューを考える。	レシピのサイトで調べた。	調べてすぐつくることができて便利。

ワーク

体験してみよう

プロジェクトの「課題発見」「企画」といっても、何をするのかイメージがもちにくいものです。このワークを通して、PBL を進めるポイントを確認します。下記の課題についてチームで話し合い、解決策を提示してください。

課題：日本人の英語力を上げるには？

メモ：書記を決めて議論の流れを記録しましょう。

・小学生から英語の授業をする。
・ネイティブの先生に授業してもらう。
・英語でディスカッション、プレゼンの授業を必須にする。
・留学生を多く受け入れて身近に感じるようにする。
・英語の歌を聞く。
・電車のアナウンスはすべて日本語のあとに英語でくり返す。
・英語を公用語にする。
・英語だけしか話してはいけない場所をつくる（「英語村」など）。
・小さいときから英語に抵抗がないようにする。

話し合った内容をまとめましょう

英語に触れる機会を小さいときから増やしていき、特にスピーキング能力をつけるようにする。

ワーク

プロジェクトの参加目標を設定しよう

PBL をはじめる前に、目標を設定しましょう。目標は途中で軌道修正しても構いません。最初に自分のゴールを設定することが大切です。

あなたは何のためにプロジェクトに参加しますか？

ヒント：「先生に言われたから」というのは受け身です。主体的な理由を考えてみましょう。

将来、企画の仕事につきたいので、最後まであきらめずに考え抜く力をつけたいため。
今まで自分から行動することをしてきていないので、自ら進んで行動し、自分の強みを見つけたい。

そのためにどんなことをがんばりますか？

ヒント：実際に実現できるようなアイデアを出すなど、自分ががんばりたいことを記入しましょう。

・何かあればすぐに行動する。
・できるかぎり多くの意見を出す。
・企業に多くの質問をする。
・リーダーに挑戦する。

PBL を通してどんな体験や成長をしたいですか？

ヒント：自分の長所を伸ばしたい、本気で取り組む体験がしたいなど記入しましょう。

仕事・働くということを理解し、就活に生かしたい。
途中であきらめない力をつけたい。

完成したらチーム内でお互いの参加目標を確認しましょう。

◆32頁図表5-1の記入例

図表5-1　依頼元の情報

依頼元		担当者名	
期限（期間）			

今回の課題の内容

・女性に求められる旅行の企画を考える。

どんなことをしている会社（もしくは組織）なの？

・旅行の企画・提案。
・○○エリアに強い。
・学生のツアーが中心。

何をしている会社なのか確認しよう。

課題を出した背景

・マーケットを広げたい。
・男性の利用客が中心なので、女性の利用客を増やしたい。

背景も聞いておくと、あとで解決策を考えるヒントになる。

ワーク

課題を整理してみよう

課題についてわかっていること、わかっていないことを整理しましょう。チームでたくさん意見を出して、現状を整理してください。チームづくりの方法については、番外編1（86頁）に紹介しています。参考にしてください。

課　題	一般的な認知度が低く、新卒採用において学生が集まらない	
	わかっていること	わかっていないこと
現　状	これまでの取り組み ・就活イベントへの参加。	・どんな取り組みや、結果なのかなどを企業に確認。
	企業の強み・弱み ・業界内でも技術力はNO.1。	・ホームページの採用項目欄をチェック。 ・内定者は何に魅力を感じているか。
	困っていること ・学生へのアプローチの仕方がわからない。	・もう少し具体的に知りたい。
	現在の実績 応募者数○○名（2018年） 説明会参加者数○○名	
	ほかの解決事例 ・リクルーター制度。	・他社はどうしているんだろう？ ・どんな採用方法があるか。
目　標	前年比2倍の応募者数。	

ワーク

何を知りたいか整理しよう

情報収集をする場合には、「何を知りたいか？」「そのために何を聞くか？」ということを事前に明確にする必要があります。自分たちの調査の目的を整理してみましょう。

知りたいこと＝疑問点を書き出そう！

20 代の女性は何に一番お金を使うのか？　それはなぜか？

考えるヒント

・依頼元の商品やサービス、顧客の情報などは？　（いつ売れる？　誰が買う？　など）
・依頼元を取り巻く業界の動向や他社の取り組み、過去の事例などについては？
・今回の課題を解決した事例は？
・成功事例や失敗事例は？
・話のなかで出てきた傾向は事実か？
・最新のニュースや統計データなどは？

↓

どのような情報の集め方が適切ですか?

・インターネットでデータがあるか調べる。
・ヒアリングやインタビューを通して、リアルな声を集める。

いつ、どのようにして情報収集を行いますか?

インターネット（SNS）でアンケート調査を行う。
　→友人などに拡散してもらう。

ワーク

課題を分析してみよう

目標（修正はしなくても大丈夫?）

オーディション参加者数の 2 倍アップ（依頼元はタレント事務所）。

現状でわかっていることは何か?

- 実施される時期、タイミングが不定期。
- 会社の知名度が低い。
- 実は活躍しているタレントは多い。

これだけだと情報が少ないことがわかる。

目標達成に向けて問題になっていることは何か?

- 認知度が低い。特に若年者層に対して効果的に宣伝を打てていない。

現状についてさらにヒアリングを進め、もう少し掘り下げたい。

ワーク

アイデアを書き出そう

課題解決のためのアイデア出しを行いましょう。上手に進めるポイントは、「課題（テーマ）」と「解決すべき問題」を再確認し、何の話し合いかを明確にすることです。テーマに沿って、時間の許す限り、意見を出し合いましょう（付せんに書き出しておくと、あとでまとめやすくなります）。

依頼元から提示された課題

集客力を高めたい

解決方法・解決案

・ヘルシーなメニューを考える→ミニサイズを考える。
・SNS 映えするメニューにする→インスタ映えするメニュー。
　→色とりどりのメニューにする。
・集客イベントを行う。
・結婚式を行う。
・CM を出す。

アイデアからアイデアを広げるのも○。

実現が難しくてもまずは出す。

・カップルイベントを行う。
・超大盛りメニューをつくる。
・激辛メニューをつくる。

あえて反対の立場で考える。

一般向けでなくニッチを狙うアイデアも○。

調べていくなかで、わかってきた本質的な問題（解決すべきこと）

客層に片寄りがある。
→女性向けのメニューが少ない。

ヘルシーなメニューを

SNS映えするメニューに

CMを出す

結婚式を行う

集客イベントを行う

超大盛りメニューをつくる

激辛メニューをつくる

このような感じで付せんにまとめる。

とにかく意見をたくさん出すことが大切だよ。

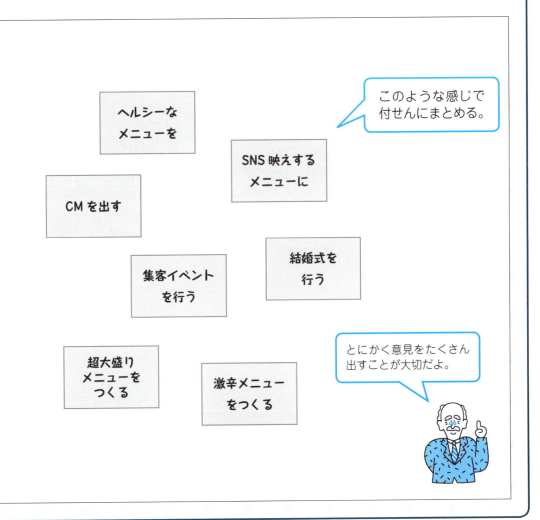

ワーク

アイデアの絞り込み

出てきたアイデアを絞り込みます。候補を３つに絞り込み、「アイデアの内容」「３つの魅力」「目標に対して期待される効果」を記入していきましょう。魅力が少なかったり、目標に対して効果が期待できないアイデアは採用できません。次に、重要な項目を決めてそれぞれの要素で採点をしていきます。前頁に書いているようにまわりに意見を聞くのもいいでしょう。

	アイデアの内容	魅　力
候補 1	・若い人の興味や関心を引くため期間限定のカフェをオープン。 ・カフェのなかに自社製品を展示し、関連グッズ（キーホルダー）などを販売する。 （依頼元：車の販売会社）	① 商品のブランド価値を最大に生かしつつブランディングできる。
		② 若者を気軽にお店に集められる。
		③ グッズによる宣伝効果も期待できる。
候補 2		①
		②
		③
候補 3		①
		②
		③

シンプルにまとめること。伝わりにくいアイデアはプレゼンでも伝わりにくいです。

魅力が１つしか出ない場合は要検討かもしれません。

採点項目の必要なものがあれば加えよう。

項目は自分たちで考えましょう。

目標に対しての効果	採点項目					
	独自性	先行事例	実現可能性	期　間	コスト	総合評価
若者の車離れに対し一定の効果は見込める。 SNSによる拡散効果もあり。	○	？	△	○	×	B

目標に対しての効果です。

◆ 59 頁ワークの記入例

ワーク

TO・DOリストを書き出そう

アイデアの実現に向けて何をしなければいけないか TO・DO リスト（現在するべきことを記すリスト）を書き出しましょう。書き出し段階ではブレストと同じです、項目の大小にかかわらず、まずはできるだけ多くを書き出しましょう。付せんに書き出すことがオススメです。ある程度出揃ったら、似たような項目にまとめて、するべきことを整理しましょう。

するべきことを書き出そう

・学内の学生にアンケートをとる。→アンケート項目を考える。
・集計する。
・試作品をつくる。
・会社にコスト・サンプルの製作が可能か確認する。→アポをとる。

商品のデザインなど文字になりにくい場合は、イラストなどにすることでイメージがしやすくなることも。

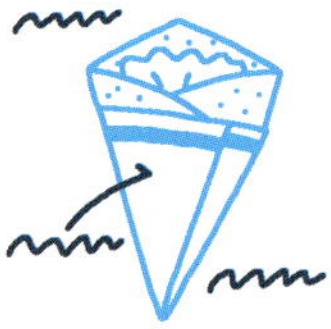

出てきた TO・DO を整理しよう

1	大項目	中項目
2	……	……
3	……	……
4	……	……
5	……	……

まとめる時は時系列にしていくと整理しやすい。

※項目は自分たちで考えましょう。

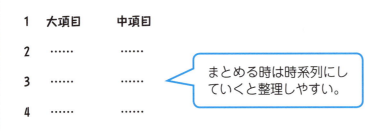

ワーク

個人とチームの取り組みを振り返る

振り返りはあなたを成長させます。取り組み結果を整理しましょう。ここではオーソドックスな振り返りの手法である、KPT 法を紹介します。KPT 法は、「Keep：今後も続けていきたいこと」「Problem：今回はできなかったこと。問題点は何か？」「Try：次回に向けてチャレンジすること」に分けて記入する方法です。問題だけに注目するのではなく、できたことや、次に向けての改善も書き出すのがポイントです。個人として、チームとしての２つの軸で振り返りましょう。

①各自で振り返る。
②振り返った内容を付せんに書き出す（ここからはじめても構いません）。
③全員の意見を集める。「Keep」「Problem」「Try」に分けて、振り返りを行う。

① Keep：今後も続けていきたいこと

（個人として）
・自分の得意なパワーポイントの操作・作成でみんなの役に立ちたい。

（チームとして）
・役割分担がしっかりと出来ている。
・アイデアはとてもよいと思う。

② Problem：今回はできなかったこと、問題点を感じたこと

（個人として）
・自分の仕事をこなすのに精一杯だった。
・パワーポイントの見やすさの意識が足りなかった。

（チームとして）
・スケジュールが押し気味になっている。
・みんなが意見を出し切れていないのでは？

③ Try：次回に向けてチャレンジすること

（個人として）
・自分以外の人、チーム以外の人、いろんな人に見てもらって意見をもらう。

（チームとして）
・全員がしっかり思ったことを言う。
・役割にこだわりすぎず時間が足りないときは声をかけあう。

問題ばかりを見ずに、できたこと、次へのチャレンジにも目を向けましょう。

ワーク

プレゼンテーション評価シート

ほかのチームのプレゼンテーションを聞いて、参考になる部分やよいと思うところをチェックしましょう。

No.	チーム名	発表を見て魅力的だと感じる部分
1	××チーム	・ストーリーがとにかくわかりやすい。 ・根拠がしっかりしている。
2	△△チーム	・発表で話し方が聞きやすい。 ・ゆっくりと話している。
3	×△チーム	・アイデアが具体的。
4	□□チーム	・内容に重複あり。
5	○○チーム	・調査をしっかりしている。 ・グラフが見やすい。
6		
7		
8		
9		
10		

自分たちのグループの発表に取り入れたいこと
・データで根拠を示すこと。 ・話をするときに、紙を見ないで前を見て話すこと。
・話す練習をして本番にそなえる。 ・もう少しゆっくり話す。
・自分たちのアイデアをもう少し考え直した。
・差別化できるポイントを作る。
・グラフの作り変えを行う。

・ほかのチームの取り組みからよいと思うことを、できるだけたくさん見つけよう。
・全部を取り入れる必要はありません。まずは発表を聞きながら、気づいたことをメモしよう。

ワーク

個人の振り返り

これまでの PBL を通して気づいたことをあなたの言葉にしてみてください。

PBL を通して気づいたこと、発見したこと

自分一人でがんばることには、限界があるとわかった。
まわりの人からの指摘が、「気づき」 につながった。

PBL を通して成長したと思うこと、努力したいこと

どんどんまわりの人に意見を求めるようになった。
「これくらいでよいか」で終わらず、「さらによくなるには？」を考えるようになった。

今の気持ちを一言で

途中であきらめなくてよかった。
でももっとよいものにできたのでは？　という気もする。

自分の能力を伸ばすために、今後チャレンジしたいこと、やってみたいこと

グループで何かをやり遂げる経験をもっと体験したい。
学校以外でも、そういう機会を探してみようと思う。

ワーク

自己紹介の準備をしよう！

チームづくりでは、相手に自分の情報を伝えることが大切です。自分の情報を伝えることで、外見だけではない、性格や考え方、好みなどを知ってもらうことになるからです。大事なことは、話すだけでなく、相手の自己紹介にも興味をもち、相手への理解を深めることです。相互理解が深まることで、チームとしての団結力が高まります。

あなたが好きなもの・嫌いなものは？

・カフェめぐりが好き。
・カレー好き。
・ダンスにハマっている。

1つではなく
複数書く。

どんな性格？

・楽観的。「とりあえずやってみよう」で行動する。
・のんびりさん。

熱中していることや力を入れていることは？

・アルバイト（カフェ）。
・ダンス。

このチームでの意気込みは？

仲良くなって、優勝を目指したい !!

違う個性を
生かすから
チームになる

❷プレゼン資料の例

甲南女子大学・チームバングの中間発表の資料を掲載します。実際に発表するときに参考にしてみましょう。

女子受けするお好み焼き

1

発表資料（パワーポイント）

バングです。よろしくお願いします。私たちは、女子受けするお好み焼きについて発表します。

各頁で読みあげる内容（シナリオ）

株式会社大阪フード

- **本社：**大阪市西城区
- **創業：**昭和２１年（１９４６年）
- **店舗数：**８８店舗（うち海外９店舗）＊2016年9月
- **メニュー：**お好み焼、焼そば、モダン焼、各種鉄板焼
- **特徴１**　歴史がある（モダン焼き発祥の会社）
- **特徴２**　攻めの姿勢（マヨネーズを最初に使ったのも … ）

2

課題の背景をここで説明

株式会社大阪フードは、お好み焼きの老舗として知られている「ぼてぢゅう」のある会社です。
「ぼて」と返して、「ぢゅう」と焼く、からくるぼてぢゅうは大阪名物の一つ、「モダン焼」の発祥としても知られています。大切な食材を無駄にしないよう、店にあるものだけで創意工夫してつくっていたまかない飯からモダン焼は誕生しました。
今では定番になっているお好み焼きとマヨネーズという組み合わせも、実は！ぼてぢゅうが発祥といわれています。
大阪名物、日本の食文化を伝え、たくさんの喜びをもたらしたいということをモットーに、創業から７０年以上、たくさんの人に愛されていて、海外の観光客からも人気を集めています。
しかし、これまでの伝統を受けついできたぼてぢゅうの現在のメニューはほとんど「男性」が企画し、考えられたものです。

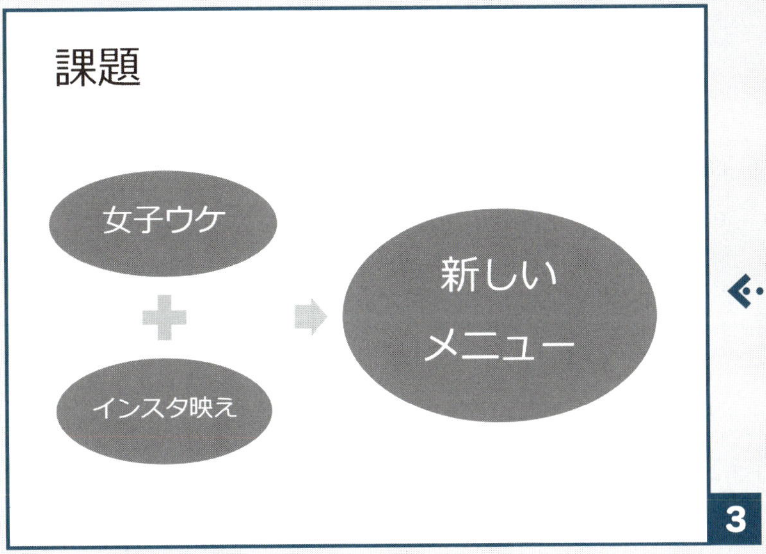
課題
女子ウケ
インスタ映え
新しい
メニュー
3

ポイント
図解するとわかりやすい。

そこで今回若い女性の客層を増やすべく、新しい視点ということで、若い女性目線で女子ウケ・SNS[*1]映えのするお好み焼きのメニューの考案という課題でした。この課題を考えるにあたって、私たちはまず次の3つのことに目を付けました。

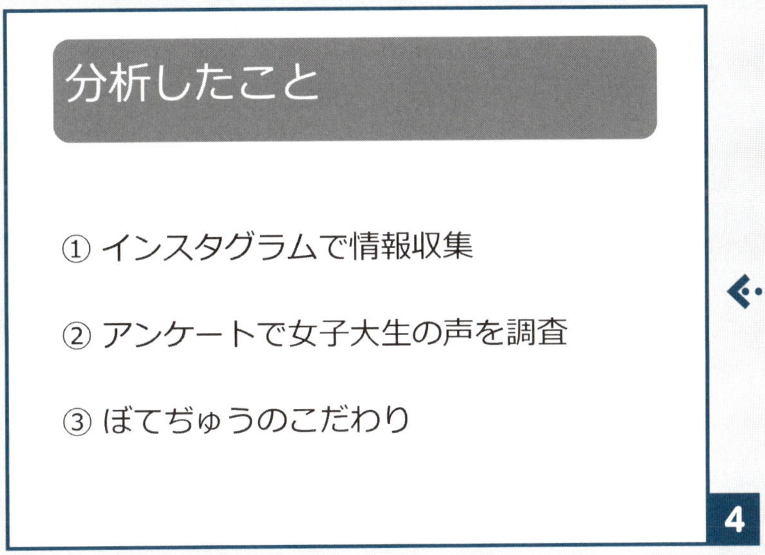
分析したこと
① インスタグラムで情報収集
② アンケートで女子大生の声を調査
③ ぼてぢゅうのこだわり
4

ポイント
事前にどんなことを分析したか、理由も含めて説明する。

それがこちらです。
1つ目が、インスタグラム[*2]での情報収集。
2つ目に、アンケートで女子大生の声を調査。
3つ目は、ぼてぢゅうさんが大切にしているこだわりです。
まずはインスタグラムで分析したことから見ていきます。

＊1　SNS：Social Networking Service（ソーシャル・ネットワーキング・サービス）の略で、インターネット上でほかの人と交流できる会員制サービスのこと。
＊2　インスタグラム：インスタグラム（Instagram）とは、写真や動画を投稿できるサービスのこと。

①インスタグラムで
“映え”といえば？
結論
食べ歩き・手に持ってカワイイ

5

インスタグラムに「映えるもの」「載せたくなるもの」といえば？　と聞かれて私たちが一番に思い浮かぶイメージは、おしゃれなカフェ、スイーツです。
インスタグラムを使う女子たちは自分のページをかわいく見せたい、おしゃれに見せたいという思いから、載せるならおいしいごはんよりかわいいスイーツ！が多いようです。
実際に投稿数も多く、料理などごはんの写真の多い「#グルメ」が958万件に対し、「#スイーツ」のハッシュタグは2,035万件あります。
さまざまな投稿がありますが、なかでも最新のトレンドはこれです。
手にもって写真の撮れるソフトクリームやクレープです。
持ち歩いて食べられる気軽さや、背景に壁や手を使うことで個性を出せることも人気の理由です。

ポイント

数字を使って比較していることで、聞き手に伝わりやすい。

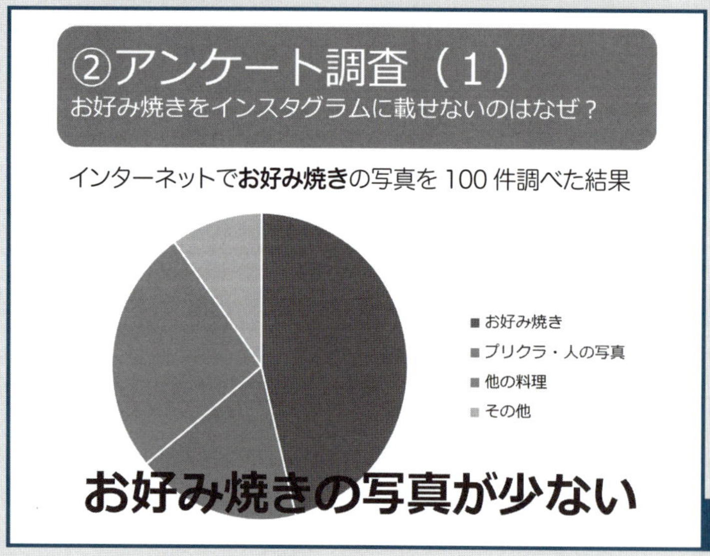
②アンケート調査（1）
お好み焼きをインスタグラムに載せないのはなぜ？
インターネットでお好み焼きの写真を100件調べた結果
お好み焼き
プリクラ・人の写真
他の料理
その他
お好み焼きの写真が少ない

6

次に、こちらがハッシュタグでお好み焼きの画像を100件調べた結果です。
半数以上がお好み焼き以外のものの写真でした。
つまり、お好み焼き自体の写真はインスタグラムの投稿であまり見かけられない、ということがわかります。
その理由をアンケートで調査しました。

ポイント

調べた内容をグラフにまとめると、視覚的にわかりやすい。

②アンケート調査（1）
お好み焼きをインスタグラムに載せないのはなぜ？

- 自分のインスタグラムの雰囲気に合わない。映えない。
- どう撮ればいいのか分からない。
- タイムラインではなくストーリーなら可。
- **茶色が地味で映えにくい。**
- **ご飯系はあまり投稿しない。**

（女子大生20人に聞き込み調査）

7

ポイント
前頁の調査で生まれた疑問を掘り下げている。

ポイント
42頁で学んだ定性調査の方法を使っている。

・自分のインスタグラムの雰囲気に合わない。
・どう撮ればいいのかわからない。
・自分のページに残るタイムラインではなくストーリーなら可。
私たちが特に目を付けたのは「茶色が地味で映えにくい」「ごはん系はあまり投稿しない」
というところです。

②アンケート調査（2）

◆お好み焼きの好きなところ
- 種類が多い
- ソースや具材で味を変えられるところ
- ソースとマヨネーズとの相性がよい

◆よく頼むメニュー
- もちチーズ
- 豚モダン

バリエーションを豊富に！！

チーズが人気！！

（女性20人にアンケート）

8

次に、お好み焼きの好きなところ、お好み焼き屋さんでよく頼むメニューを調査しました。
その結果、バリエーションの豊富さがお好み焼きの強みであること、
そしてぼてぢゅうさんの人気メニューでもあるもちチーズが女子大生に人気だということがわかりました。

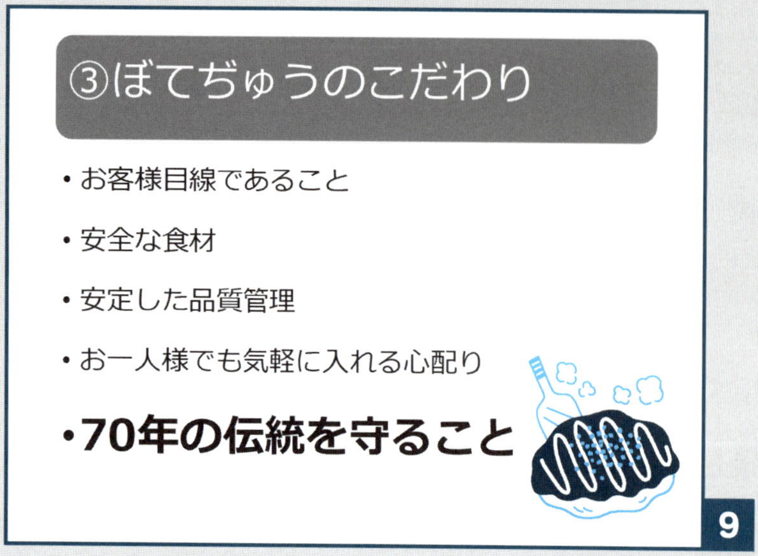
③ぼてぢゅうのこだわり
・お客様目線であること
・安全な食材
・安定した品質管理
・お一人様でも気軽に入れる心配り
・70年の伝統を守ること
9

３つ目に調べたのは、ぼてぢゅうさんのこだわりです。
・お客様目線で考えるということ。
・安心安全な食材を使用していること。
・安定した品質管理を目指すこと。
・お一人さまでも気軽に店に入ることのできる配慮。
そして、一番大切なのは、「70年の伝統を守ること」です。

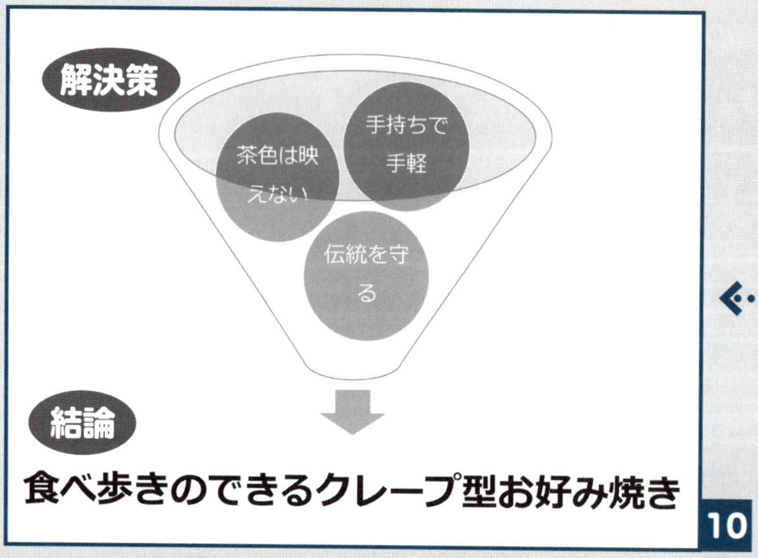
解決策
茶色は映えない
手持ちで手軽
伝統を守る
結論
食べ歩きのできるクレープ型お好み焼き
10

ポイント

解決策を図で表すことで、ビジュアル的にもわかりやすい。

インスタグラムでの情報収集、アンケート調査の結果、ぼてぢゅうさんが大切にしているこだわりからわかったことは、
・手持ちで手軽なものが人気だということ
・お好み焼きの生地の茶色は隠して可愛くするということ
・ぼてぢゅうさんの伝統を守るということです
この３つのことから、私たちは「食べ歩きのできるクレープ型お好み焼き」という新メニューを提案します。

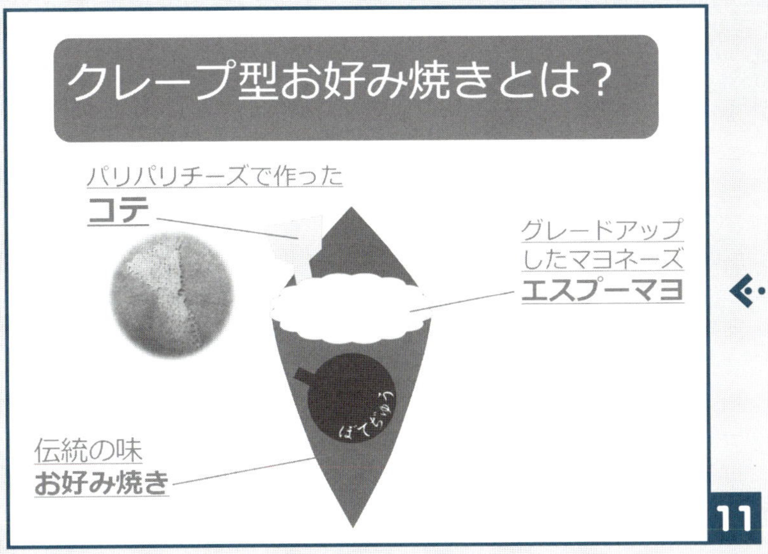

ポイント
実際にサンプルを作成すると、説得力が up。

クレープ型お好み焼きとはこのようなものになります。
基本となるのは、ぼてぢゅうさんが70年受け継いできた伝統のお好み焼きです。
生地を少し薄めに小さめに作りますが、味はぼてぢゅうさんのおいしいお好み焼きを生かしています。
ぼてぢゅうのメニューで女性人気ナンバーワンのもちチーズ味、定番のブタ玉、変り種のピザ風なんかもおいしくできるかと思います。

トッピングして茶色を隠し、可愛い見た目をつくるポイントとなるのがこちら。
グレードアップしたマヨネーズ、「エスプーマヨ」です。
可愛い見た目をつくるためにまず、私たちが目を付けたのは「エスプーマ」です。エスプーマとはスペイン語で泡という意味で液状の食材を泡状、ムースに仕上げたものです。
お洒落なかき氷の上にのっていたりと、最近インスタグラムでよく見かける「トレンド」です。
本来のエスプーマは、亜酸化窒素を使用する難しい方法でつくられますが、もっと簡単につくるために、卵白をメレンゲ状に泡立てたものにマヨネーズを混ぜ、エスプーマ風に仕上げました。
白い見た目ととろとろふわふわの食感は女子の心をわしづかみにできます。
そして、このマヨネーズもぼてぢゅうさんの伝統のものを使います。先ほども述べたように、ぼてぢゅうさんはお好み焼きにはマヨネーズという組み合わせの発祥であるので、
マヨネーズの味も大切にされているかと思い、使用したいと考えました。

最後にかわいく飾り付けするのはパリパリチーズでつくったコテです。
若い女性のチーズ人気はあなどれません。チーズをレンジにかけるだけでパリパリのせんべいができます。
食感も、ビジュアル面もいいアクセントになります。

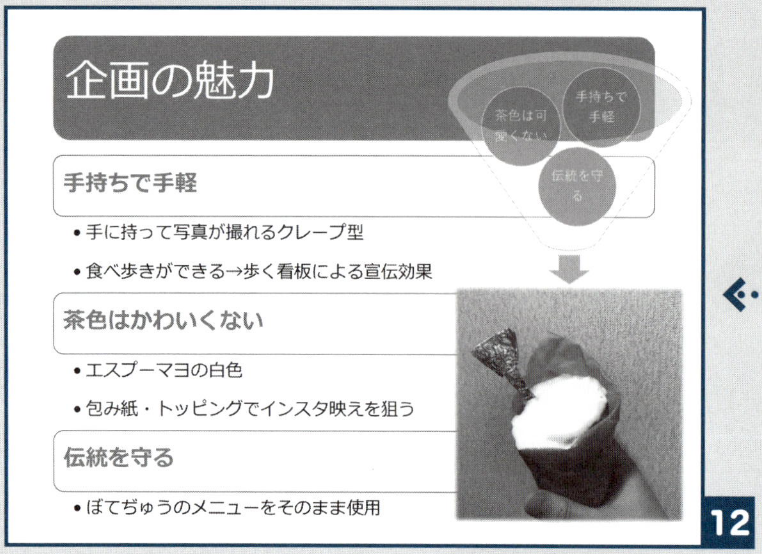
企画の魅力
手持ちで手軽
茶色は可愛くない
伝統を守る
手持ちで手軽
• 手に持って写真が撮れるクレープ型
• 食べ歩きができる→歩く看板による宣伝効果
茶色はかわいくない
• エスプーマヨの白色
• 包み紙・トッピングでインスタ映えを狙う
伝統を守る
• ぼてぢゅうのメニューをそのまま使用
12

ポイント
分析したことと、解決策とのつながりを説明。

事前に試作品もつくってみました。それがこちらです。
食べ歩きができる手軽さで、手にもってお洒落で可愛い写真も撮ることができます。
SNS にアップされた可愛い写真や、食べ歩きをする人による「歩く看板」によって得られる宣伝効果も期待できます。
新しいマヨネーズ「エスプーマヨ」や、包み紙、トッピングによって、茶色いから映えにくいという問題もなくなり、話題性も十分です。
そして、ぼてぢゅうさんのメニューをそのままに形だけを変えることで、70 年続く伝統の味を守ることができます。

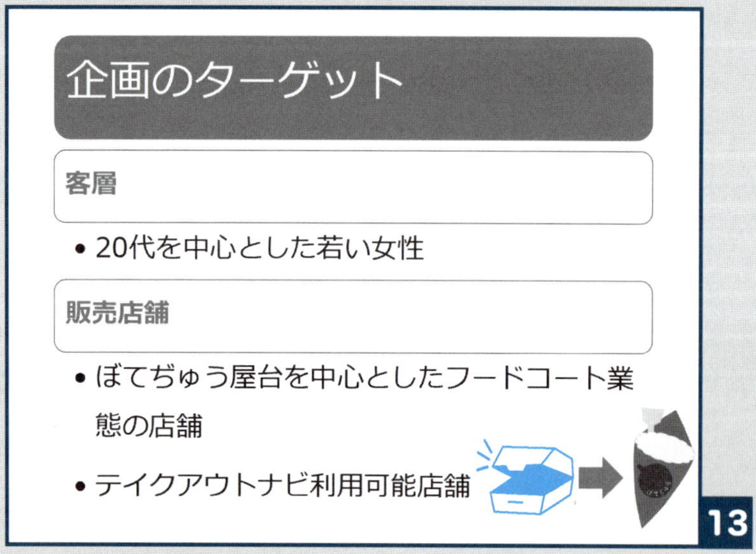
企画のターゲット
客層
• 20代を中心とした若い女性
販売店舗
• ぼてぢゅう屋台を中心としたフードコート業態の店舗
• テイクアウトナビ利用可能店舗
13

ターゲットは 20 代を中心とした若い女性。
販売店舗はぼてぢゅう屋台を中心としたフードコート業態の店舗やテイクアウトのできる店舗を考えています。
テイクアウトは、従来のフードパックに入れて持ち帰るという形が基本でしたが、手に持つクレープ型という新しい形にすることで話題性をねらいます。

これまでのすべてをまとめて、ぼてぢゅうさんにいただいた「女子ウケする、SNS 映えするお好み焼き」という課題に対して
私たちは食べ歩きのできるクレープ型のお好み焼きというアイデアを考案しました。
見た目をかわいらしく、そして伝統を守ること。
これで、売れること間違いなし！　女子の心をわしづかみできると自信をもって提案させていただきます！
ぜひご検討ください！
ご清聴ありがとうございました。

③取り組み事例集

大阪労働協会Ai−SPECの主催する「実践型課題解決プロジェクトAi−SPEC」において、最終選考会まで残ったチームの実践事例を紹介します。

実践事例①　大阪工業大学・知財PR隊（杉浦ゼミ）

冨士端子工業株式会社

今回提示したテーマ

新たなアルミ銅バイメタル接続端子（FSW端子）の知的財産による保護を依頼します。弊社では今後、電線材料の銅からアルミへの転換が進むことが想定されており、その際に必要となる新たなアルミ銅バイメタル接続端子（FSW端子）の開発に取り組んでいます。

しかしながら、端子のように構造が比較的単純な部品は、新製品を上市した途端に、国内外の多くの企業による模倣品が発生することが懸念されるところ、**知的財産権を用いて模倣品の発生を阻止**したく考えています。

1　どんな取り組みか？

まずは、端子とFSWに関する技術の理解を深めることが必要と考え、会社を訪問し、新技術の説明を受けました。さらに、研究開発が行われている現場である大阪産業技術研究所に赴き、FSWを用いて銅とアルミの接合の実際の工程を見学しました。

そのうえで、冨士端子工業様の企画や技術開発の担当の方々から、これまで知的財産権をどのように活用しておられるのかをお聞きし、知的財産の活用にあたって、どのような課題があり、それに対してどのような解決策が提案できるのかを、対話を通じて検討しました。

その結果、①社内における技術者様自身による先行技術調査の実施が不十分であること、②特許となる発明に加えて、製造ノウハウも知的財産になることの社内の理解不足、の２点が課題として浮かび上がり、これらに係る対策として、①先行技術調査マニュアルの作成と調査の実施、②不正競争防止法の利用に基づく、製造ノウハウに関する営業秘密の保護を含む知財戦略の策定からなる２つの提案を行いました。

2　提案内容

①先行技術調査マニュアルの作成と調査の実施：特許取得や、その後の開発の方向性を定めるためには、先行技術との違いを明確にすることが必要であり、そのための方策として先行技術調査の実施が必要不可欠です。そこで、特許初心者の方でもわかる調査マニュアルを作成するとともに、そのマニュアルを用いて、開発者と一緒に調査を実施しました。これにより、調査ターゲットとする内容が明確

になり、精度の高い調査が実施できました。また、調査ノウハウを伝授したことにより、今後は社内での自主調査が可能になったことに加え、実際に調査を行ったことにより、社内の知財意識の向上が図れたとのお言葉をいただきました。

②さまざまな分野で特許取得の可能性の発掘と製造ノウハウの保護の実現：先行技術調査を実施した結果、FSW を用いたバイメタル端子は先行技術がほとんど見当たらず、ロボットや航空機などのさまざまな分野への利用の展開の可能性があること、また、端子製造技術の本質は、製造ノウハウにあることから、営業秘密管理マニュアルに則り、秘密対象の明確化や社員による秘密保護対応などの社内体制整備を行うべきことを提案しました。

3 取り組んでみて工夫したこと・成長したこと

最初は知的財産の利用について、企業にどのようなニーズがあり、どのような提案で貢献ができるのかわかりませんでした。実際に話をしてみたところ、先行技術調査については、特許庁が提供している無料の DB（J-plat-pat）があるものの利用しておらず、調査は外注に委ねておられることがわかりました。

先行技術調査を自由に社内で行えれば、特許の取得に役立つだけではなく、技術開発の方向性を決める際にも役立つことから、J-plat-pat の利用方法をお伝えすることとし、調査マニュアルを作成し、それを使って、実際に企業で共同調査を行いました。マニュアル作成にあたっては開発担当者がわかりやすいように、現在、開発を行っている FSW に関する事例を取り入れるとともに、必要最小限の機能を盛り込むような工夫をしました。また、実験データや製造の際の制御用データなどのノウハウも営業秘密として知的財産保護の対象になることをお伝えして、そのための社内体制の整備の仕方などをお伝えしました。

これらの活動を通じて、FSW を用いた新端子の知的財産による保護が図られることは今回の提案の一つの成果であり、加えて、企業内での知的財産に関する意識が高まったと言っていただいたことは、私たちの勉強が社会に役立つことがことがわかり、やりがいを感じるとともに喜びにもなりました。

4 企業より

当初、年下の学生諸君に痛いところを突かれ、内心「コンチクショウ」と思いましたが、今ではよい刺激を得たと感謝しております。変わった点は以下のとおりです。

① J-plat-pat を使用することにより、単に先行技術の有無を知るだけでなく、業界がどのような技術分野に着目しているか、ライバル企業がどのような製品を開発しようとしているかなど、マーケティングに関する情報も取得可能であることを学んだ。

②知財戦略オプションに対する視野が広まった。単に特許だけでなく、INPIT（独立行政法人工業所有権情報・研修館）等の助言を受け商標権、意匠権などの活用についても研究、実施に踏み切った。事実、現在大手との共願を含め、特許２件、商標１件、意匠多数の出願を行っている。

③トレードシークレットの重要性に気付いた。社員教育等を通じ、知財、機密事項の取扱いに慎重を期するよう社内徹底している。

今後は知財を経営上の重要戦略の一つに位置付けていきたいと思っております。

実践事例② 大阪商業大学（Always）

株式会社 OFFICE MINAMIKAZE

今回提示したテーマ

「OFFICE　MINAMIKAZE がある日本橋のサブカルチャーを盛り上げたい」というテーマで依頼をしました。MINAMIKAZE は大阪市日本橋にある、イベント制作や企画運営、歌・ダンス・モデル・演技のレッスンなどを行っている芸能会社です。OFFICE MINAMIKAZE では、日本橋を盛り上げるために、外国人に向けた「サムライショー」を開催しています。サムライショーへの集客と日本橋の外国人観光客を増加させるためにはどうすればいいのか考えてもらいました。

1 どんな取り組みか？

まず、大阪府に訪問する外国人観光客の年齢層などを国土交通省が開示しているデータから調べました。また、訪日外国人観光客が日本のどのような文化や物事に興味をもっているかを調べるため、大阪府の語学学校の学生にアンケートを実施しました。語学学校に通うために来日している学生は、もともと日本文化に興味をもっている人が多いからです。また、アンケートでは伝統的な日本文化のほか、アニメや漫画などサブカルチャーに対する興味も調べました。

アンケート結果をもとに、サムライショーのテーマ設定や日本橋でのイベント企画の資料作成を行いました。それから、サムライショーのプレイベントを実施し、アンケートに協力してくださった語学学校の学生を招待し、感想をいただきました。

イベント企画にあたっては、実際に大阪市日本橋に足を運び、自身の目で日本橋の魅力を探索しました。その後、私たちでイベントを企画、企業の方に提案し、語学学校の学生に参加していただき、フィードバックをいただきました。

2 提案内容

まず、サムライショーへの集客のためには何が必要かを考えた結果、認知度を向上させることと、内容の充実が必要だという結論に至りました。そのなかで私たちは内容の充実について考え、提案させていただきました。具体的には、サムライショーの前に行われる日本文化体験の提案です。

依頼元では、サムライショーとともに、殺陣や茶道などの日本文化体験を行いたいと考えていました。サムライショーはすでにある程度形ができていたので、私たちはこちらに着手することにしました。

そして提案したものは、「ぴくちゃーGO」というものです。これは日本橋という街を、目的地の写真を片手に、目的地を探しながら歩いてもらうというものです。また、目的地に着いた際には簡単にできる手押し相撲やけん玉などの、日本の昔ながらの遊びをやってもらい、景品を贈呈する、というイベントです。

3 取り組んでみて工夫したこと・成長したこと

私たちが一番工夫した点は、集客に向けて何をすべきかということを考えるところでした。というのも、企業から与えられた課題はサムライショーへの集客をしてほしいというものだけだったので、最初は何をしていけばいいのかまったくわからなかったのです。そのような状況のなか期限もあり、とにかく動かなければいけなかったので、イベントの集客のためにはなにが必要なのか、外国人観光客を呼び込むためには何が必要なのかを調査していき、上記の提案内容になりました。

また、台風の影響もありプレゼンテーション（以下、プレゼン）までの間が2週間ほどしかなかったなかで、新しいプレゼン資料をつくるときも、非常に苦労しながら作業をしました。2週間のなかで実際にプレイベントを行うことにし、人の確保やイベントの準備などで、いろいろと工夫しました。

イベントを企画し、実際にプレイベントを行うことで、企画力や運営力が身につき、企業の方たちとのメールのやりとりや、直接会ってお話しすることで、ビジネスマナーやコミュニケーション力が成長したと感じました。

●最終選考に向けたプレイベントの様子

●チームメンバー４人の集合写真

実践事例③　同志社大学（川口ゼミ）

株式会社 エルハウジング

今回提示したテーマ

「女性活躍推進のための施策を提案してほしい」というテーマで依頼しました。その理由は以下のとおりです。

・最近採用した女性には優秀な人がたくさんいます。このような女性社員が活躍するようになれば、会社の生産性が高まると考えられるからです。

・当社は住宅の建設販売を行っています。家事・育児に目を向けた家づくりをするためにも、女性の社員を増やしたいと考えています。

・現在、女性社員の割合は25％で、課長以上の役職に就いている女性はいません。

1　どんな取り組みか？

今回の依頼に対し、2つの方法で取り組みました。

①インタビュー調査：まず、社長にお会いし、女性活躍の現状と女性活躍が必要である理由をうかがいました。次に、社員に育児休暇についてと女性社員の管理職昇進意欲について、聞き取り調査を行いました。その結果、女性は前例があるので育児休業を取りやすいが、男性は前例がないので申請しにくいことがわかりました。一方、女性には管理職に就いている人がいないため、自分が管理職になった姿を想像しにくいという女性の意見がありました。

②アンケート調査：さらに、社員に対してアンケート調査を行いました。アンケートの結果、以下のことが明らかになりました。第1に、女性の管理職昇進意欲は全般的には低いが、昇進意欲のある人も存在していることです。女性の半数は昇進を望んでいませんが、5人（18％）は課長への昇進を望んでいます。第2に、「女性活躍に取り組む必要がある」と回答した人と「どちらかと言えば取り組む必要がある」と回答した人を合わせると、全体の８割になることがわかりました。

2　提案内容

提案は、短期（1年以内）、中期（3年以内）、長期（10年以内）の3段階に分けて行いました。

・短期の目標は「社長がもっているビジョンの共有と見える化」です。管理職のなかにも、女性活躍の必要性を認識していない人がおり、社長の考えが社員に浸透しているとはいえません。そこで、社長が朝礼などで女性活躍の必要性を繰り返し述べるとともに、ポスターをつくり、掲示することを提案しました。

・中期の目標は、女性管理職の誕生と「えるぼし」の獲得です。管理職を志望している女性社員を管理職養成セミナーに参加させるなどをして、女性管理職を誕生させます。そして、女性活躍推進法で規定されている認定企業になり、「えるぼし」マークを獲得します。
・長期目標として、女性社員を４割以上にし、女性が管理職になるのが当たり前の会社をつくります。

3 取り組んでみて工夫したこと・成長したこと

・会社の現状を知るために、男女別の従業員数、役職者数、労働時間、離職率などくわしい情報を提供していただきました。また、独身の男女社員と既婚で子どものいる男女社員それぞれ１名ずつ、計４名に聞き取り調査をお願いしました。聞き取り調査やアンケート調査のあとも、疑問が生じたときには会社を何度も訪問し、担当の方から情報をいただきました。担当の方がとても協力的だったので、助かりました。
・工夫をしたのは、どうすれば印象に残るプレゼンテーション（以下、プレゼン）ができるかを考えたことです。インタビューをビデオに録画し、プレゼンのなかに入れることにしました。しかし、ビデオの声が小さくて聞き取りにくい、発表当日にビデオが作動しないなどのトラブルが生じました。
・プレゼン時間が短いので、短時間で調査の内容や提案を伝えるには、内容を簡潔にしなければなりませんでした。最初につくったスライドを半分くらいの長さにするのが大変でした。何を削り、何を残すか、秒単位で時間を測りながら検討しました。
・短時間でわかりやすいプレゼンをするには、発表内容が論理的でなければならないことを知りました。

実践事例④　梅花女子大学（寺川ゼミ）

株式会社 テクノタイヨー

今回提示したテーマ

新商品・販売促進プロモーションにおいての新しい提案活動が求められていると考え、企業目線ではない、**新しい販売促進・プロモーション活動**を依頼しました。学生目線での提案発想に多くの「気づき」と「刺激」を与えてもらえることに期待しました。

1 どんな取り組みか？

依頼元の株式会社テクノタイヨーでは、金属部品の精密加工分野にて設計・開発・加工・組立までを請け負うほか、自社製品の開発・製造・販売にも取り組んでいます。初回会社訪問時、さまざまな部品の加工現場を見学させていただき、自社製品の開発経緯や取引先についてお話を伺いました。

その結果、取引先からの課題に応えるなかで新たな技術を生み出す企業の姿と、取引先からの依頼がなければそのプロセスがはじまらないため、取引先となるべき企業の現場第一線で活躍する人材の注目を集めなければならないという課題を知りました。この、注目を集めたいターゲット層の人物像とは「30代の理系出身の男性」であり、女子大文系学部の学生チームには縁の薄い存在でした。さらに、多忙なターゲット層へのご協力依頼は難しいと考え、アンケートという方法よりも、過去の成功事例を数多く集めて分析し、これを依頼元にあてはめて考えるという方法を取りました。

2 提案内容

現在・過去に流行の製品、話題となった企業の事例分析から、①「流行もの」を協力企業の技術で新たに提示する、②協力企業が知る業界知識をわかりやすく提示する、③対象層が好むものを協力企業の部品製品で制作する、という3つの案をまとめ、提案しました。③の案が採用され、協力企業の担当者の方々とともに、部品の転用や新しい活用などを検討した結果、廃棄予定部品を用いて廃材アートを制作し、さらにこれを11月末の展示会で自社製品の特徴を引き出すプロモーションに活用する案がまとまりました。

モチーフとなった前年の大ヒット怪獣映画は、ターゲット層に人気のアニメ監督の作品であり、プロモーション対象製品が地震の震動制御装置であることから関連性もあり、発表会直前に地上波初放送されたこともあって選択しました。廃材アートの要件やプロモーション方法を学生チームが提案し、依頼元が制作し、展示会で使っていただくことになりました。

3 取り組んでみて工夫したこと・成長したこと

学生チームは最初、大阪が金属加工の盛んな地域であることも協力企業の有名な取引先についても全く知らず、協力企業の自社製品や展示会についてもはじめて見るものばかり、という「はじめてづくし」の状況で活動を開始しました。そこから依頼元とのやり取りを重ねるなかで、ふだん企業のCMや商品などをよく目にするような身近な企業以外にも、数多くの企業が果たしている重要な役割や活動についての視点が養われたと考えています。

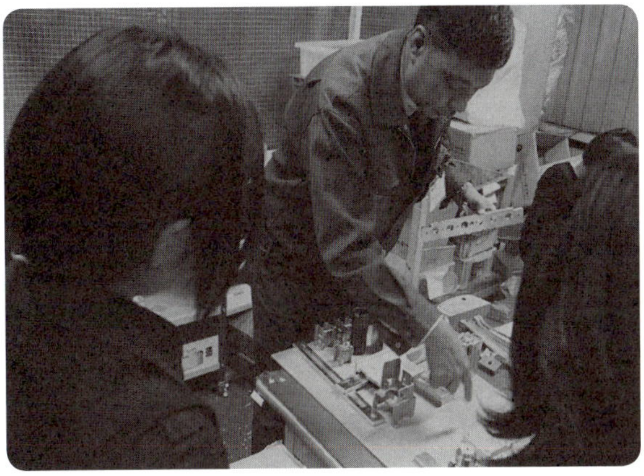
●廃材アートの制作打ち合わせ

また、廃材アートの制作に至る過程では、新しいアイデアを生み出す難しさを学生自身が知りました。実際の制作においては、多忙な依頼元の方々にかなりの時間を割いていただくことになったほか、学生のアイデアを実現できる知識をもつ他大学工学研究科の院生に協力していただくなど、さまざまな方々のご協力により実現可能になったことに感謝しています。

一方で最終発表会については、協力企業のターゲット層へのアピールを考えるあまり、発表会におけるターゲットニーズを読み違えたことを反省しており、ターゲット層の特定とニーズ把握の重要性を身をもって知ることになった点はよい経験であったと指導教員としては考えています。 根気強く、あらゆる機会にご協力いただいた依頼元の企業の方々には特に感謝申し上げます。

4 企業より

われわれ製造業において、これまでもお客さまの目線や、開発技術者として「物・事・人」を見ることは当然であると認識してきました。しかしながら、上記にもありますように、われわれの業界そのものが女子大文系学部の学生チームとは縁が薄く、工場見学などでの学生目線での発言・質問は非常に多くの「気づき」を得ることができ、違う角度・目線で見ることの重要性を感じました。

●本部長の宮本勇氏（左）と専務取締役の水野由夫氏（右）

提案についても自分たちが学んでいる知識を存分に発揮され、またそれを実現していく難しさについて学んでおられました。共に学ぶことができ、多くの「気づき」と「刺激」を与えていただきました。この学びを今後、よりよい「ものづくり」に生かしていきたいと考えております。今回このような御機会をいただき厚く御礼申し上げます。

参考文献

理論編

◉溝上慎一『決定版アクティブラーニングと教授学習パラダイムの転換』東信堂、2014 年
◉溝上慎一・成田秀夫編『アクティブラーニングとしての PBL と探求的な学習——アクティブラーニングが未来を創る』東信堂、2016 年
◉稲葉竹俊編著、奥正廣・工藤昌宏・鈴木万希枝他著『プロジェクト学習で始めるアクティフブラーニング入門』コロナ社、2017 年
◉後藤文彦監修、伊吹勇亮・木原麻子編著『課題解決型授業への挑戦——プロジェクト・ベースト・ラーニングの実践と評価』ナカニシヤ出版、2017 年

上記はいずれも、PBL とキャリア教育について、さらにくわしく学びたいときに参考になります。

実践編

◉渡辺健介『世界一やさしい問題解決の授業』ダイヤモンド社、2007 年

問題解決について、さらに流れを知りたい人向けです。実際の事例を交えながら、身近な事例でわかりやすく説明されています。ボリュームも適量なので、よりくわしく学びたいときの最初の１冊としておすすめです。

◉渡辺パコ・音羽真東・大川恒著『はじめてのロジカル問題解決』かんき出版、2009 年
◉渡辺パコ『３つのステップで考える！ はじめてのロジカルシンキング』かんき出版、2008 年

本書の第７章で紹介をしている、付せんを使った思考整理の方法について述べた１冊です。練習問題や事例を交えながら、わかりやすくポイントについて解説しています。

◉山崎康司『入門 考える技術・書く技術――日本人のロジカルシンキング実践法』ダイヤモンド社、2011年　※現在は電子書籍のみ

もう少し本格的にロジカルシンキングを勉強したい、ビジネス的な視点で考えたいという場合におすすめの書籍です。非常にわかりやすく簡潔にまとまっています。

◉前田鎌利『社内プレゼンの資料作成術』ダイヤモンド社、2015年

プレゼンテーション資料のつくり方について悩んだときにおすすめです。パワーポイントについてはいろいろなつくり方がありますが、ビジネスにおけるプレゼンテーションを想定し、比較的すぐに取り入れやすい要素が紹介されています。

索引

かな （五十音順）

ま行

や行

ら行

欧文　（アルファベット順）

K

P

T

MEMO

MEMO

編著者

松田剛典（まつだ たかのり）
担当：はじめに、第2部
一般社団法人 キャリアラボ　代表理事

佐伯 勇（さえき いさむ）
担当：第1部第1章
甲南女子大学　人間科学部　文化社会学科　教授

木村亮介（きむら りょうすけ）
担当：第1部第2章、第3章
NPO 法人 G-net

執筆協力

西座由紀（にしざ ゆき）
担当：第2部第6章

協力

和泉幸子
一般財団法人 大阪労働協会
甲南女子大学・チームバング
大阪工業大学・知財 PR 隊
大阪商業大学・Always
同志社大学・川口ゼミ
梅花女子大学・寺川ゼミ

一般社団法人 キャリアラボ
2012 年設立。大学と協力する形でのキャリア支援を専門とし、プログラムづくりの企画段階から講座運営に関わる。
「視野を広げる・可能性を広げる」をコンセプトとし、体験しながら学べるキャリア講座を展開。
年間 4,000 コマ相当のガイダンスや講座を全国の大学に提供している。

編集協力

株式会社 桂樹社グループ
小田宏一（シュウ=ライターズインク）

本文デザイン

近藤可奈子

本文イラスト

阿久津毅

大学生のためのキャリアデザイン
はじめての課題解決型プロジェクト

2019年4月20日　初版第1刷発行　〈検印省略〉
2023年2月20日　初版第2刷発行

定価はカバーに
表示しています

編著者　松田剛典
　　　　佐伯勇
　　　　木村亮介

発行者　杉田啓三

印刷者　藤森英夫

発行所　株式会社　ミネルヴァ書房
607-8494　京都市山科区日ノ岡堤谷町1
電話代表（075）581-5191
振替口座　01020-0-8076

亜細亜印刷

ISBN978-4-623-08488-3

Printed in Japan